T0419712

SOBREVIVIR AL ÁNGEL DE LA MUERTE

LA VERDADERA HISTORIA DE LA GEMELA EVA KOR EN AUSCHWITZ

Eva Mozes Kor
Lisa Rojany Buccieri

Traducción de Teresa Mlawer

Tanglewood • Indianapolis

Diseño de la portada e interiores de Amy Perich
Tipo de letra de la cubierta: 5AM Gender © Chance Type Co.

La editorial quisiera agradecer a Holly Kondras su colaboración en este libro.

Tanglewood Publishing, Inc.
1060 N. Capitol Ave., Suite E-395
Indianapolis, IN 46204
www.TanglewoodBooks.com

ISBN: 978-1-939100-21-4

Primera edición en español 2019
Número de impresión (últimos dígitos)
10 9 8 7 6 5 4 3 2 1

Impreso en Estados Unidos de América
Impreso por Thomson-Shore, 7300 West Joy Rd. Dexter, MI 48130.

Library of Congress Cataloging-in-Publication Data

Kor, Eva Mozes.
Surviving the angel of death : the story of a Mengele twin in Auschwitz / Eva Mozes Kor and Lisa Rojany Buccieri.
p. cm.
ISBN 978-1-933718-28-6 (hardcover)
1. Kor, Eva Mozes. 2. Zeiger, Miriam Mozes, 1935-1993. 3. Jews--Persecutions--Hungary--Juvenile literature. 4. Jewish children in the Holocaust--Hungary--Biography--Juvenile literature. 5. Holocaust, Jewish (1939-1945)--Hungary--Personal narratives--Juvenile literature. 6. Twins--Biography--Juvenile literature. I. Buccieri, Lisa Rojany. II. Title.
DS135.H93K673 2009
940.53'18092--dc22
[B]

2009009494

Dedicatoria

Dedico este libro a la memoria de mi madre, Jaffa Mozes, mi padre, Alexander Mozes, mis hermanas Edit y Aliz, y de mi hermana gemela, Miriam Mozes Zeiger. Dedico este libro también a los niños que sobrevivieron a Auschwitz, y a todos los niños del mundo que han padecido situaciones de abuso y abandono; deseo rendir homenaje a su lucha por superar el trauma de una infancia perdida, del sentimiento de no poder vivir en familia, por la pérdida de sus seres queridos. Y, por último, y no por eso menos importante, dedico este libro a mi hijo, Alex Kor, y a mi hija, Rina Kor, mi alegría, mi orgullo y mi lucha.

—EMK

A Olivia, Chloe y Genevieve: las razones de todo.
Y a mi hermana Amanda, por salvar mi vida.

—LRB

PRÓLOGO

Las puertas de los vagones del tren se abrieron de par en par por primera vez en muchos días y la luz del día nos iluminó como una bendición. Docenas de judíos habían sido atiborrados en un vagón de ganado de un tren que traqueteaba a través de los campos, alejándonos cada vez más de nuestro hogar en Rumanía. Desesperada, la gente salió a empujones.

Me aferré a la mano de mi hermana gemela mientras nos empujaban hacia el andén, sin saber bien si deberíamos estar contentas de haber salido de ese encierro o temerosas de lo que nos pudiera aguardar. El aire de la mañana era frío, y un gélido viento nos quemaba las piernas al descubierto bajo nuestros vestidos iguales de color vino.

Me di cuenta enseguida de que era muy temprano en la mañana, pues el sol apenas salía en el horizonte. Por dondequiera que miraba había altas alambradas. Las escuadras de las SS, cuerpo de combate alemán conocido como *Schutzstaffel* , nos apuntaban con sus armas desde las torres de vigilancia. Perros guardianes, sujetados por soldados de las SS, tiraban feroces de las correas, ladrando y gruñendo igual que aquel perro rabioso que una vez vi en la finca y que echaba espuma por la boca mientras gruñía amenazador mostrando sus blancos y afilados dientes. Podía sentir los latidos fuertes de mi corazón y la mano sudorosa de mi hermana que se aferraba a la mía. Mamá y papá y nuestras dos hermanas mayores, Edit y Aliz, estaban a nuestro lado cuando oí a mamá susurrarle a papá:

—¿Auschwitz? ¿Es Auschwitz? ¿Qué lugar es este? ¿No es Hungría?

—Estamos en Alemania —fue la respuesta.

Habíamos cruzado la frontera hasta llegar a territorio alemán. En realidad, estábamos en Polonia, pero los alemanes habían ocupado este país. En Polonia era donde estaban todos los campos de concentración. No nos habían llevado a un campo de trabajo en Hungría, sino a un campo de exterminio nazi, a morir. Antes de poder asimilar esta noticia sentí que me empujaban por el hombro a un extremo del andén.

—¡*Schnell*! ¡*Schnell*! ¡Rápido! ¡Rápido! —dieron orden los guardias de las SS para que el resto de los prisioneros saliera del vagón a la plataforma.

Miriam se acercó más a mí mientras nos empujaban de un lado a otro. La tenue luz del día se oscurecía y se aclaraba por el movimiento continuo de personas que se amontonaban frente a nosotros para luego ser llevadas bruscamente a un lado u otro del andén por los guardias. Tal parecía que seleccionaban a algunos prisioneros por cierta razón, y a otros, por otra. Pero, ¿para qué?

De repente, los sonidos a nuestro alrededor comenzaron a aumentar gradualmente.

Los guardias comenzaron a agarrar a más gente, y los empujaban a la derecha o a la izquierda de la plataforma donde eran separados. Los perros gruñían y ladraban. La gente comenzó a llorar, a gritar, vociferando todos a la vez; cada uno buscaba a los miembros de su familia, pues eran separados unos de otros. Los hombres eran separados de las mujeres, los hijos de sus padres.

La mañana estalló en gran confusión. Todo se movía rápidamente a nuestro alrededor. Era un caos total.

—¡*Zwillinge*! ¡*Zwillinge*! ¡Gemelos! ¡Gemelas! —Y un segundo más tarde, un guardia que corría apresurado se detuvo justo frente a nosotras. Se fijó en Miriam y en mí y en nuestros vestidos a juego.

—¿Son gemelas? —le preguntó a mamá.

Ella dudó por un instante.

—¿Es algo bueno?

—Sí —dijo el guardia.

—Son gemelas —contestó ella.

Sin decir una palabra, nos agarró a Miriam y a mí y nos separó de mamá.

—¡No!

—¡Mamá! ¡Mamá! ¡No!

Miriam y yo gritamos y lloramos tratando de no separarnos de mamá, quien a la vez luchaba por seguirnos con sus brazos extendidos mientras un soldado la sujetaba, hasta que finalmente la empujó violentamente al otro extremo de la plataforma.

Chillamos. Lloramos. Imploramos, nuestras voces perdidas en medio del caos, los gritos y la desesperación. Pero nuestros llantos y gritos no valieron para nada. Por los vestidos iguales de color vino, por ser gemelas idénticas y fáciles de distinguir entre una muchedumbre de mugrientos y agotados prisioneros, Miriam y yo fuimos escogidas. Pronto nos encontraríamos cara a cara con Josef Mengele, el doctor nazi conocido como el Ángel de la Muerte. Era él quien decidía en la plataforma quienes iban a vivir y quienes iban a morir. Pero en ese momento no lo sabíamos. Todo lo que sabíamos era que, de repente, estábamos solas en el mundo. Solo teníamos diez años. Nunca más volvimos a ver a papá, mamá, Edit o Aliz.

Capítulo Uno

Miriam y yo éramos gemelas, las menores de cuatro hermanas. Al escuchar a mi hermana mayor, a regañadientes, contar la historia de nuestro nacimiento uno se hubiera dado cuenta enseguida de que las dos éramos las consentidas de la familia. ¿Es que hay algo más precioso o adorable que unas gemelas?

Nacimos el 31 de enero de 1934, en la villa de Portz, en Transilvania, Rumanía, en Europa del Este, cerca de la frontera con Hungría. Desde bebés, a mamá le encantaba vestirnos iguales, con enormes lazos en la cabeza, para que la gente supiera enseguida que éramos gemelas. Incluso nos sentaba en el alféizar de la ventana de la casa; los transeúntes pensaban que éramos unas muñecas preciosas, no niñas de verdad.

Nos parecíamos tanto que mamá tenía que colocarnos etiquetas con nuestros nombres para poder distinguirnos. Tías, tíos y primos que nos visitaban en la finca se divertían tratando de adivinar quién era quién: «¿Quién es Miriam?» «¿Quién es Eva?», preguntaría dudoso uno de mis tíos con un destello en los ojos. Mamá sonreiría orgullosa de sus preciosas muñecas, mientras que mis dos hermanas mayores posiblemente gruñirían. Pero, de todas formas, la mayoría de la gente, nunca acertaba. Ya mayores, y en la escuela, nos aprovechábamos de que éramos gemelas para gastarles bromas a los compañeros y así divertirnos. Y nos aprovechábamos de lo singular y adorable que éramos siempre que podíamos.

Papá era estricto y siempre nos amonestaba a nosotras y a mamá acerca de los peligros de una vanidad excesiva, hasta el punto de enfatizar que la Biblia predicaba contra ella, pero a mamá le importaba mucho nuestra apariencia. Nos mandaba hacer la ropa a medida, al igual que la gente rica hace hoy en día con los diseñadores. Pedía tela de la ciudad, y cuando llegaba nos llevaba a Miriam y a mí y a nuestras hermanas mayores a una costurera en la villa de Szeplak, que estaba cerca. En su casa nos dejaban ver con detenimiento las revistas donde aparecían modelos con las últimas creaciones de la moda. Pero mamá tenía la última palabra en cuanto a la confección y al color de los vestidos, ya que en esa época todas las niñas usaban vestidos, nunca pantalones o mamelucos, como los varones. Y casi siempre escogía el color vino, el azul pálido o el rosado. Después de tomarnos las medidas nos citaban para la prueba y cuando regresábamos la costurera tenía ya los vestidos listos para probárnoslos. Los estilos y los colores eran siempre iguales: dos telas, ahora convertidas en un juego de prendas perfectamente iguales.

Aunque algunas personas se desconcertaban al vernos, papá nos podía diferenciar perfectamente por nuestra personalidad. Por la forma en que yo caminaba, por un gesto que hacía o cuando abría la boca para decir algo, él sabía enseguida quién era quién. Aunque Miriam había nacido primero, yo era la líder. Tampoco tenía pelos en la lengua. Cada vez que queríamos pedirle algo a papá, mi hermana Edit me pedía que fuera yo la que le hablara.

Mi papá, un judío religioso, siempre quiso tener un varón porque en ese tiempo solo un hijo podía participar en el rezo público y recitar el *Kadish,* la plegaria del judaísmo en memoria de las personas recién fallecidas. Pero papá no tenía un hijo varón, solo nos tenía a mis hermanas y a mí. Como yo era la menor de las gemelas y su última hija, a menudo me miraba y decía: «Tú deberías haber sido un varón». Creo que lo que quería decir en realidad era que yo había sido su última oportunidad de haber tenido un varón. Mi personalidad lo afianzaba: era fuerte, valiente y siempre decía lo que pensaba, como él se imaginaba que un hijo suyo hubiera sido.

Aunque mi carácter fuerte me distinguía, también tenía sus desventajas. Me parecía que papá pensaba que todo lo relacionado conmigo era inapropiado; nada que yo hacía lo complacía. Muchas veces discutíamos y debatíamos, pero yo nunca estaba dispuesta a ceder. Que fuera hombre, y cabeza de familia no significaba que siempre tuviera la razón y por eso muchas veces chocábamos.

Yo recibía más atención de parte de él que Miriam

o mis otras hermanas, pero no era precisamente la clase de atención que yo buscaba. Nunca aprendí a andarme por las ramas con mentiras piadosas, así que siempre me buscaba problemas. Recuerdo caminar de puntillas a veces por la casa para evitar a mi padre, quien, sin lugar a duda, estaba cansado de mí y de mi bocaza.

Sin embargo, mirando atrás pienso que mis batallas con él fortalecieron mi carácter. Aprendí cómo burlar las autoridades. Estas peleas con papá me prepararon, inconscientemente, para lo que iba a venir.

Mi madre era muy diferente a él. Era una mujer con bastante educación para aquellos tiempos porque no todas las mujeres iban a la escuela. Entre las familias judías religiosas de esa época, niñas y mujeres por igual se dedicaban principalmente al cuidado de la casa y la familia, mientras que la educación y los estudios estaban reservados para los varones. Mamá se aseguró de que aprendiéramos a leer y a escribir, matemáticas, historia e idiomas, pero también nos enseñó a interesarnos y preocuparnos por nuestra comunidad.

Éramos la única familia judía en Portz, nuestra villa, y nos llevábamos bien con todo el mundo. Mi madre estaba al tanto de los acontecimientos del pueblo y con frecuencia ayudaba a los vecinos en momentos difíciles, especialmente a jóvenes embarazadas. Les llevaba comida, las ayudaba con las tareas de la casa si no se sentían bien, les daba consejos sobre cómo criar a sus hijos o les leía instrucciones o cartas que recibían de sus familiares. Nos enseñó a seguir su ejemplo y ayudar a los más desafortunados, ya que gozábamos de mejores condiciones que muchos en nuestra pequeña aldea agrícola.

Sin embargo, casi desde el momento en que nacimos el antisemitismo había tomado raíces en Rumanía, nuestro país. Lo que significaba que una gran mayoría de la gente a nuestro alrededor no simpatizaba con los judíos simplemente por ser judíos. Pero nunca fuimos conscientes de antisemitismo hasta 1940, cuando el ejército de Hungría ocupó Rumanía.

Mi papá nos contó de un incidente antisemita que le sucedió en 1935 cuando Miriam y yo teníamos apenas un año. En ese año, La Guardia de Hierro, un partido político violento, fascista y antisemita que controlaba las oficinas del gobierno, la policía y los periódicos, desató una ola de odio contra los judíos, inventando historias sobre lo malvados que eran y cómo querían estafar a los demás y apoderarse del mundo. Mi papá y Aaron, su hermano, fueron encarcelados por la Guardia bajo falsos cargos de evasión de impuestos. Pero todo era una mentira; siempre habían pagado sus impuestos. Habían sido señalados y arrestados simplemente porque eran judíos.

Papá nos contó que cuando él y Aaron salieron de la cárcel decidieron ir a Palestina para ver si allí podrían abrirse camino. Palestina, en esa época, era un territorio en el Oriente Medio donde los judíos habían vivido desde tiempo del Imperio Romano, antes de su exilio. Durante períodos de persecuciones muchos judíos consideraban que esta era su tierra. A principios del siglo veinte una sección de Palestina fue reservada para inmigrantes judíos hasta que finalmente se convirtió en el estado de Israel en 1948.

Papá y tío Aaron permanecieron en Palestina varios meses, pero al final regresaron a Rumanía. A su regreso, el tío Aaron y su esposa vendieron sus tierras y posesiones con intención de emigrar.

Papá trató de convencer a mamá de irnos a vivir a Palestina.

—Vivir allí es bueno —le dijo—. El clima es cálido. Hay trabajo.

—No —argumentó ella—. No puedo mudarme con cuatro niñas pequeñas.

—Debemos irnos ahora, antes de que la situación empeore para nosotros —insistió mi padre. Estaba preocupado por las noticias que se oían sobre nuevas persecuciones contra los judíos en todo el país y en Europa.

—¿Qué haría yo allí? ¿Cómo nos las arreglaríamos? No me apetece nada vivir en el desierto —dijo mamá. Y como suelen hacer las madres, se plantó en firme y rehusó partir. A veces me pregunto qué hubiese sido de nuestras vidas si ella hubiese cedido.

En nuestra villa en Rumanía vivíamos en una casa hermosa en una finca inmensa. Teníamos miles de hectáreas de cultivo: trigo, maíz, frijoles y papas. Teníamos vacas y ovejas que producían queso y leche. Teníamos un viñedo grande y producíamos vino. Teníamos hectáreas de huertos que nos daban manzanas, ciruelas, melocotones y jugosas cerezas de tres colores diferentes: rojas, negras y blancas. Durante el verano, las cerezas se convertían en nuestros aretes cuando jugábamos a ser elegantes damas. A mamá le encantaba su jardín de flores, situado frente a la casa, y su huerto de verduras en la parte de atrás, y sus vacas, pollos y gansos.

Pero lo que más le preocupaba era dejar sola a su madre. Nos encantaba visitar a la Abuela y el Abuelo Hersh. Y mamá, por ser hija única, se sentía responsable de velar por la abuela, que no tenía buena salud y a menudo tenía que cuidarla.

—Además, aquí estamos seguros —decía mi mamá.

Ella creía que los rumores de que los judíos estaban siendo perseguidos por los alemanes y por su nueva cabeza de estado, Adolfo Hitler, eran solo eso: rumores. No veía la necesidad de irse a Palestina o a Norteamérica, lugares seguros para los judíos. Y por eso nos quedamos en Portz.

Portz, una villa de cien familias, mayormente cristianas, tenía un ministro. Lucy, su hija, era amiga nuestra y a Miriam y a mí nos gustaba jugar con ella. En el verano trepábamos a los árboles del huerto, leíamos historias y hacíamos obras de teatro en un escenario improvisado que construíamos con una sábana entre dos árboles. En el invierno ayudábamos a Lucy a decorar el árbol de Navidad; no le decíamos nada a papá porque a él no le hubiese gustado.

A pesar de que corrían nuevos rumores de que estaban deportando a los judíos a campos de trabajo forzado, mamá pensaba que no corríamos peligro en la finca. Aun cuando nos llegaron noticias sobre los guetos, zonas separadas en pueblos y ciudades de Europa para confinar a la población judía y poder controlarla mejor, bajo condiciones deplorables, no creíamos que en realidad corriéramos peligro. Aun cuando los judíos eran despojados de sus pertenencias, de su libertad, enviados a esos campos, como esclavos, sin recibir pago alguno, nunca pensamos que nos ocurriría a nosotros. Nunca imaginamos que podrían llegar hasta nuestra pequeña villa.

Uno de mis primeros recuerdos es el de los hombres de un campo de trabajo forzado de Budapest que pasaron por la villa. El Gobierno húngaro los sacaba del campo para trabajar en el ferrocarril. Una vez que el trabajo terminaba, los llevaban nuevamente al campo. Mientras trabajaban en las vías férreas, no tenían donde pasar la noche y mi papá dejaba que durmieran en el granero. A veces las esposas venían a visitarlos y se quedaban en nuestra casa. A cambio, nos traían juguetes de la ciudad y, lo que es más importante, muchos libros; pasábamos largas horas sumergidas en las páginas de esos libros. Podía leerme un libro en un día. Fue gracias a esos libros que desarrollé un gran amor por la lectura desde muy temprana edad.

Entendí más adelante, a través de mis lecturas, que Adolfo Hitler había ascendido al poder en Alemania como jefe del Partido Nazi en 1933. Hitler odiaba a los judíos tanto como la Guardia de Hierro Rumana, y los líderes de los partidos antisemita y racista se convirtieron en aliados, unidos en su odio y su propósito de dominar toda Europa. Finalmente, en septiembre de 1939, comenzó la Segunda Guerra Mundial cuando las tropas alemanas invadieron Polonia.

Los húngaros, bajo el mando de Miklos Horthy, simpatizaban con Hitler y se convirtieron en aliados. Todo esto comenzó a ocurrir a nuestro alrededor, pero lo suficientemente lejos como para que papá fuese el único que se preocupase por nuestra seguridad.

Pero en el verano de 1940, cuando Miriam y yo teníamos seis años de edad, las cosas cambiaron. Hitler le dio la parte norte de Transilvania a Hungría. En aquella época la población de Transilvania, la región más próxima a nuestra villa, era mitad húngara, mitad rumana. Pero todo el mundo en la villa era rumano. Comenzaron a correr rumores de que el ejército húngaro mataría a judíos y a rumanos y le prendería fuego a la aldea. A pesar de mis seis años de edad comprendí que corríamos un grave peligro.

Miriam, la más callada de las dos, percibía mi ansiedad; debió haberlo visto en mi cara y en el lenguaje de mi cuerpo. Pero nunca protestó; no era su naturaleza.

Un día, soldados húngaros entraron a la villa, a la cabeza de los cuales iba el comandante en un auto largo, negro y reluciente. Era un espectáculo impresionante, llevado a cabo con toda intención para que todos tomaran nota: ¡el ejército estaba ahora en el poder y teníamos que darle la bienvenida! Oímos a los soldados cantar «Somos los soldados de Horthy, los más guapos del mundo».

Esa noche, mis padres dejaron que los soldados acamparan en el patio de la casa; el comandante durmió en la habitación de huéspedes. Mamá trató a los oficiales como si fueran nuestros invitados: horneó su mejor pastel y los invitó a cenar en familia. Recuerdo que mucha de la conversación fue acerca de la excelente comida; Miriam y yo estábamos emocionadas por sentarnos a la mesa con estos importantes hombres en uniforme. Fue una velada agradable, y los oficiales elogiaron a mamá por su cocina y su repostería. Antes de irse a dormir le dieron las gracias y le besaron la mano, costumbre de cortesía de los hombres de Hungría y Europa de aquellos tiempos. Al día siguiente por la mañana se fueron y mis padres de alguna forma se sintieron más seguros.

—¿Ves? —dijo mamá—. No es cierto eso que dicen de que están matando a los judíos. Son unos verdaderos caballeros.

—Pero ¿por qué la gente va a inventar esas historias? —preguntó papá, sin esperar recibir una respuesta o que mi madre o alguien de la familia le llevara la contraria—. Estás en lo cierto. Los nazis nunca vendrán a una villa tan pequeña como la nuestra —concluyó. Era algo que debíamos dar por sentado. Papá lo había dicho.

Sin embargo, esa noche, a puerta cerrada, nuestros padres sintonizaron una radio de pilas. Hablaban yidis entre ellos, una lengua que no entendíamos, mientras escuchaban las noticias. ¿Qué escuchaban que era necesario mantenerlo en secreto? ¿Qué no querían que supiéramos?

Pegué la oreja a la puerta para escuchar a escondidas, tratando de oír lo que pasaba.

—¿Quién es Hitler? —pregunté cuando salieron.

Mamá nos contestó con una tranquilidad pasmosa:

—No tienen nada de qué preocuparse. Todo está bien.

Pero habíamos escuchado algunas transmisiones en las que Hitler gritaba que había que matar a los judíos. ¡Como si fuéramos insectos! Presentíamos que corríamos peligro, a pesar de los esfuerzos de nuestros padres por tranquilizarnos. Y debido a la actitud tan reservada de nuestros padres, Miriam siempre estaba nerviosa. A pesar de que éramos pequeñas, sentíamos inquietud sobre lo que no se decía, sobre lo que no se mencionaba.

En el otoño de 1940, Miriam y yo comenzamos el colegio por primera vez. Diferente a los colegios de primaria de hoy, los niños de primero a cuarto grado estaban en una misma aula. Miriam y yo éramos las únicas judías y también las únicas gemelas. Todos los días usábamos ropa igual y lazos del mismo color para atar nuestras largas trenzas.

Al igual que nuestros parientes lo habían hecho antes, nuesstros compañeros disfrutaban tratando de adivinar quién era quién.

Descubrimos que en la escuela había dos maestras húngaras nuevas que los nazis habían traído de la ciudad. Para mi sorpresa, habían traído libros que contenían calumnias contra los judíos y caricaturas que mostraban a los judíos como payasos con grandes narices y panzones. Y milagro de milagros, por primera vez vimos «imágenes que saltan», que se proyectaban en la pared, y que es como llamábamos a las películas porque no sabíamos en realidad lo que eran. Me acuerdo claramente de haber visto un cortometraje titulado *Cómo atrapar y matar a un judío*. Estas películas, similares a los comerciales de hoy día, pero llenas de odio, se proyectaban en los teatros de ciudades antes del largometraje. Imagínense ver instrucciones para matar a los judíos antes de una película de dibujos animados.

Ver documentales llenos de odio y leer libros racistas enardecieron a los estudiantes. Nuestros amigos, y otros niños que antes habían sido amigos, comenzaron a llamarnos a Miriam y a mí «judías apestosas». ¿Quiénes eran ellos para llamarnos sucias? Yo sabía que era aseada, incluso mucho más que cualquiera de ellos. Los niños comenzaron a escupirnos y a pegarnos cada vez que tenían oportunidad. Una vez encontramos en el libro de Matemáticas el siguiente problema: «Si tienes cinco judíos y matas a tres, ¿cuántos te quedan?

Alarmadas y asustadas, corrimos a casa llorando. Nos habían tirado al suelo más de una vez y teníamos la ropa sucia; gruesas lágrimas surcaban nuestras caras polvorientas.

—Mis niñas, cuánto lo siento —dijo mamá, abrazándonos y besándonos—. De momento no podemos hacer nada, pero no se preocupen. Compórtense bien. Recen sus oraciones, ayuden en la finca y estudien sus lecciones.

Un día en el colegio, en 1941, unos chicos le gastaron una broma a la maestra mientras estaba de espaldas a la clase. Le pusieron huevos de pájaros en la silla. La clase entera lo sabía, pero nadie dijo nada. Todos aguantamos la respiración cuando ella se viró y se sentó. Por supuesto, tan pronto se sentó, los huevos se rompieron y mancharon su vestido nuevo.

—¡Fueron las judías! —dijo uno de los chicos como si nada hubiese pasado.

—¿Fueron ustedes? —preguntó la maestra mirándonos fijamente.

—¡No, señorita, no! Estábamos horrorizadas. Nunca nos habíamos comportado de esa manera ni se nos hubiese ocurrido gastar ese tipo de bromas a un maestro. ¡De habernos atrevido, la regañina de nuestros padres hubiese sido interminable! Además, nos gustaba el colegio y nos encantaba aprender.

Y lo increíble sucedió:

—¡Sí, ellas lo hicieron! —gritaron todos los niños—. ¡Fueron ellas! ¡Las vimos! —Tal parecía que habían hecho un pacto secreto a nuestras espaldas y este era el resultado.

Miriam y yo protestamos, pero todo fue en vano. Éramos judías y, por lo tanto, culpables.

Sin indagar más, la maestra nos llamó al frente de la clase para imponernos el castigo. Tiró granos de maíz seco al piso.

—¡De rodillas! —ordenó señalándonos. Durante una hora nos hizo arrodillar sobre los granos en frente de toda la clase. Los duros granos se clavaban en la piel. Pero en realidad eso no era lo que más nos dolía. Lo que más dolía era cómo los compañeros se reían de nosotras, sus miradas de satisfacción y sus horribles muecas y risas burlonas. Miriam y yo estábamos tan conmocionadas como dolidas.

Al regresar a casa se lo contamos a mamá, que nos abrazó llorando y dijo:

—Mis hijas, cuánto lo siento. Somos judíos y tenemos que aceptarlo. No hay nada que podamos hacer.

Sus palabras me dieron más rabia que el castigo de la maestra. Me entraron ganas de pegarle a alguien, de triturar algo duro, como esos granos de maíz, hasta convertirlos en polvo. ¿Cómo podían ser verdad las palabras de mamá?

La reacción de papá cuando regresó del trabajo al final del día y oyó lo que nos había pasado fue como la de mamá:

—Durante dos mil años los judíos han creído que si trataban de llevarse bien con todos, sobrevivirían —dijo él—. Debemos seguir esa tradición. Tratar de llevarnos bien. Papá creía que como vivíamos apartados del mundo, los nazis no se molestarían en venir a buscarnos.

Nuestra situación comenzó a empeorar durante las tardes y las noches. Los chicos que eran miembros del Partido Nazi húngaro, pero que todavía no tenían dieciocho años edad para prestar el servicio militar, con frecuencia rondaban la casa gritándonos obscenidades.

—¡Judíos sucios! —gritaban—. ¡Cerdos locos!

Tiraban tomates o piedras contra las ventanas. Personas de otras villas también participaban. A veces esto ocurría durante varios días y no podíamos salir de la casa.

—¡Papá —le pedía yo—, por favor sal y haz que paren! —¡Quería que *hiciera* algo!

—Eva, no hay nada que podamos hacer. Tenemos que aprender a vivir con esta situación.

No tenía forma de intuirlo en ese momento, pero mamá y papá posiblemente sabían que si trataban de parar a esos delincuentes juveniles o de defenderse, serían arrestados y nos quedaríamos solas. Por lo menos estábamos todos juntos en familia.

Miriam y yo nos acurrucábamos en la cama, muertas de miedo. Nuestras hermanas no se acercaban nunca a las ventanas. Sé que también tenían miedo. La situación fue empeorando. En junio de 1941, Hungría entró en la Segunda Guerra Mundial como aliada de Adolfo Hitler, con quien compartía su odio hacia los judíos, y de Alemania, país de Hitler. Los judíos en otras partes de Europa eran obligados a llevar la estrella amarilla de David, la estrella de los judíos, en una parte visible de su ropa o en el abrigo, para que todos supieran que eran judíos. Nosotros no teníamos que llevarla puesta, pero todos sabían que éramos judíos. Cada vez nos sentíamos más aislados en nuestra villa.

A diferencia de muchos otros niños judíos en Europa, Miriam y yo todavía podíamos asistir a la escuela con niños que no eran judíos, aunque cada vez la situación era más difícil porque las burlas y los insultos no cesaban. Por suerte, Edit y Aliz, nuestras hermanas mayores, tenían un profesor particular en casa, un señor judío que vivía con nosotros y que les enseñaba en alemán, arte, música, dibujo, matemáticas e historia, las asignaturas requeridas en la secundaria.

A medida que la luz del otoño daba paso a la oscuridad del invierno los días eran cada vez más cortos y nuestras vidas cada vez más limitadas. No nos atrevíamos a jugar fuera o ir al pueblo con tanta frecuencia como antes. Nuestros padres nunca nos dejaron ver cómo se sentían, pero Miriam y yo cada vez teníamos más miedo.

Entonces, una noche a finales de septiembre de 1943, mamá y papá nos despertaron súbitamente en medio de la noche.

—¡Eva! ¡Miriam! —susurraron con urgencia—. ¡Vístanse! Pónganse toda la ropa que puedan, abrigos y botas. ¡*No* enciendan esa vela! Tenemos que mantener la casa a oscuras. Y permanezcan calladas, muy calladas.

—¿Qué pasa? —pregunté medio dormida.

—¡Haz lo que te digo! —murmuró papá.

Nos pusimos toda la ropa que pudimos y fuimos a la cocina. A la luz de la brasa de la chimenea vimos que nuestras hermanas mayores estaban ahí, arropadas, sus rostros como piedras en las sombras.

Papá nos reunió a las cuatro y susurró:

—Hijas, ha llegado la hora de irnos. Vamos a tratar de cruzar la frontera hasta la parte no húngara de Rumanía donde estaremos a salvo. Salgamos en silencio.

En fila de a uno, papá al frente y mamá atrás, salimos en la oscuridad. Hacía frío y viento. Pero yo solo podía pensar en que estábamos en peligro, mucho peligro. Y estábamos huyendo.

En silencio, caminamos uno detrás del otro en dirección a la verja que estaba al final de nuestra propiedad, al borde de la huerta. Al otro lado de la verja estaba el ferrocarril. Los trenes no pasaban de noche. Había un silencio absoluto excepto por el cantar de los grillos o, a veces, el canto de un pájaro nocturno. Si caminábamos durante una hora siguiendo el ferrocarril llegaríamos a la parte segura de Rumanía. Cuando llegamos a la verja, papá abrió el cerrojo y empujó la puerta.

—¡Alto! —gritó una voz—. ¡Si dan un paso más les disparo!

Un joven nazi húngaro nos apuntaba con un revólver. Un grupo de jóvenes con brazaletes de tela con esvásticas y gorras de color kaki vigilaban la finca para evitar que escapáramos. Quién sabe por cuánto tiempo habían estado allí.

Éramos apenas seis judíos. ¿Qué importancia podríamos tener? Apreté la mano de Miriam, no atreviéndome a mirarlos directamente, sino de soslayo. Papá cerró la verja y los jóvenes nos condujeron a la casa.

Nuestra única oportunidad de escapar se había desvanecido.

Capítulo Dos

El 31 de enero de 1944, Miriam y yo íbamos a cumplir diez años. En los cumpleaños de familia, mamá siempre hacía un pastel y era una ocasión de festejo y alegría. Pero Miriam y yo no pudimos celebrar nuestro cumpleaños. Mamá estaba muy enferma. Desde octubre, a raíz de que los jóvenes nazis impidieran nuestra huida, cayó enferma con fiebre tifoidea y tuvo que guardar cama durante todo el invierno. En aquella época no había medicamentos para aliviar el dolor o curar las enfermedades como se encuentran hoy en día en las farmacias. Nos preocupaba su salud y si se llegaría a recuperar. Siempre había sido fuerte y saludable.

Una señora judía, que vivía en una villa cercana, vino a vivir con nosotros para cuidar a mamá y atender la casa. Edit, Aliz, Miriam y yo ayudábamos con algunas de las tareas de la finca. Las autoridades nazis y húngaras nos vigilaban, pero nunca estuvimos bajo arresto domiciliario o se nos prohibió salir de la casa. Por el momento parecía que estuviéramos a salvo. Incluso seguimos yendo al colegio, salvo los días que los nazis no nos permitían salir. Entonces, recibíamos instrucción en casa junto a nuestras hermanas mayores.

Nuestra aparente libertad llegó a un fin repentino una mañana de marzo del año que cumplimos diez años. Dos gendarmes húngaros, o policías, se presentaron en el jardín de la entrada. Y pronto comenzaron a golpear la puerta.

—¡Recojan todas sus cosas ahora mismo! Van a ser trasladados a un centro de transporte. —No era una petición, era una orden—. Tienen dos horas para empacar.

Mamá apenas tenía fuerzas para levantarse de la cama. Papá y nuestras hermanas mayores guardaron comida, ropa de vestir y de cama, todo lo que pensaban que podríamos necesitar. Miriam y yo nos pusimos vestidos iguales y empacamos dos juegos de ropa también iguales.

La policía nos sacó de la casa y toda la gente de Portz nos miraba mientras recorríamos el único camino que pasaba por la villa. Los vecinos salieron de sus casas y se pararon al lado del camino. Nuestros compañeros de colegio nos miraban en silencio. Nadie trató de impedir que los gendarmes nos llevaran. Nadie dijo una sola palabra.

No me causó sorpresa. Una vez que corrió la voz de que habíamos tratado de huir en medio de la noche, la situación empeoró para nosotros; el acoso por parte de los vecinos y de los niños fue cada vez peor y más frecuente.

Incluso Luci, nuestra mejor amiga, guardó silencio y evitó mirarnos a los ojos cuando pasamos delante de su casa. Nunca dijo que lo sentía ni nos dio algo para llevarnos como recuerdo. Al pasar delante de su casa la miré fijamente, pero ella bajó la vista. Atrás quedaba la casa que había sido siempre nuestro hogar.

Nos metieron en una carreta cubierta, tirada por caballos. La policía nos llevó a un pueblo llamado Simleul Silvaniei, a cinco horas de camino. Una vez allí nos obligaron a permanecer en un gueto con siete mil judíos más de la parte rumana de Transilvania, donde vivíamos. Miriam y yo nunca habíamos visto tanta gente. Para nosotras, cien personas, el número de habitantes de nuestra villa, era una multitud. ¡Todos eran judíos! Más de los que habíamos visto juntos en toda nuestra vida.

Más tarde supimos que Reinhard Heydrich, jefe de la Oficina Central de Seguridad del Reich, la oficina principal de Adolfo Hitler, había decretado una orden oficial: todos los judíos en las áreas ocupadas por los nazis iban a ser trasladados a unas zonas especialmente establecidas para ellos, conocidas como guetos. Nunca habíamos oído hablar de los guetos antes. Estaban cercados con vallas, muros o cercas de alambre con púas y se encontraban en las partes más pobres de los pueblos y ciudades. A los judíos se les prohibía salir de los guetos, bajo pena de muerte, a menos que tuvieran un permiso especial.

Nuestro gueto estaba localizado en un campo cercado por una valla de alambre con púas que parecía haber sido construido apresuradamente. El río Berretyo cruzaba por la mitad del campo.

El único edificio era una antigua fábrica de ladrillos que el comandante, o jefe principal de seguridad, utilizaba como cuartel general. No había ninguna carpa o cabañas o cualquier otro tipo de estructura que los judíos pudieran usar como refugio o para dormir por la noche. El comandante anunció que pronto seríamos trasladados a campos de trabajo en Hungría y que permaneceríamos allí hasta el fin de la guerra. «No correrán peligro», nos aseguró.

Miriam y yo ayudamos a papá y a nuestras hermanas a construir una tienda de campaña sobre el húmedo suelo con las sábanas y mantas que habíamos traído. Mientras trabajamos arduamente para armar la tienda, el comandante se paseaba de un lado a otro, con las manos en la cintura, y gritaba: «¿No es encantador ver a los hijos de Israel vivir en carpas?». Se reía a carcajadas él solo como si hubiese hecho el mejor chiste del mundo.

Nos cobijamos todos en la misma carpa. Cada vez que el cielo se oscurecía y comenzaba a llover, el comandante gritaba por los altavoces: «¡Desmonten las carpas! Quiero que las levanten al *otro* extremo ahora». No había ninguna razón para eso, sencillamente era pura crueldad. Para cuando terminábamos de desmantelar la carpa, cruzar el puente y montarla otra vez, estábamos completamente empapados.

Mamá seguía muy débil debido a su enfermedad; vivir a la intermperie bajo la lluvia y el frío, la empeoraba. Por la noche, Miriam y yo dormíamos acurrucadas una a la otra para darnos calor y confort.

Durante nuestra estancia en el gueto, los cabeza de familia fueron llevados al cuartel general para ser interrogados. Un día, los guardias alemanes vinieron a buscar a papá y se lo llevaron. Creían que nuestros padres tenían escondidos oro y plata y cosas de valor en la granja; querían saber exactamente dónde. Pero papá era agricultor y su única riqueza era su tierra y la cosecha que producía. Les explicó que no teníamos plata, excepto los candelabros que encendíamos durante el Sabbat. Cuatro o cinco horas más tarde lo trajeron a la tienda en camilla. Tenía el cuerpo cubierto de llagas debido a los latigazos. Le habían quemado con velas las uñas de los manos y los pies. Tardó muchos días en recuperarse.

Miriam y yo nos sentíamos indefensas. Siendo aún niñas, estábamos bajo el cuidado de nuestros padres. Pero no había nada que ellos pudieran hacer para protegernos. Y no había nada que nosotras pudiéramos hacer por papá.

Edit, la mayor, se hizo cargo de la cocina. Nos habían dicho que trajéramos provisiones para dos semanas, pero mamá hizo que trajéramos todo cuanto pudiéramos cargar: frijoles, pan y fideos. Según pasaban las semanas, comenzamos a racionar la comida y comíamos frijoles solo una vez al día. A veces, personas que no eran judías, se acercaban a la valla del gueto y nos arrojaban comida y otras provisiones, pero no recuerdo si alguna vez comimos algo de eso.

Finalmente, mamá se dio cuenta de lo precaria que era nuestra situación. Miriam y yo nos quejábamos porque teníamos que dormir sobre un suelo mojado y por los retortijones de barriga, pero mamá no podía hacer nada por aliviar nuestro dolor. Se sentaba en el suelo y movía la cabeza de un lado a otro.

—Todo esto es culpa mía. Deberíamos habernos ido a Palestina —decía.

Sus ojos, hundidos por la enfermedad, y con grandes ojeras por la falta de sueño, mostraban su angustia por no haber tomado la decisión de irnos a Palestina, con el tío Aaron, cuando se presentó la oportunidad. Ahora, atrapados en la miseria del gueto, su retraimiento y depresión aumentaban cada día.

Una mañana de mayo de 1944, los guardias anunciaron que íbamos a ser trasladados a un campo de trabajo en Hungría.

—Es para su protección. Si trabajan, conservarán la vida —dijeron—. Las familias se mantendrán unidas.

Habíamos escuchado rumores, entre los adultos del gueto, que los judíos que eran enviados a Alemania eran exterminados. Así que pensamos que si nos enviaban a Hungría estaríamos a salvo.

Los guardias nos dijeron que no empacáramos nada, que en el campo tendríamos de todo lo que pudiéramos necesitar. Pero aun así, mamá y nuestras hermanas empacaron algunas cosas de valor. Papá se llevó su libro de oraciones. Miriam y yo nos pusimos nuestros vestidos de color vino.

Los guardias nos condujeron al ferrocarril y nos metieron en vagones de ganado, empujándonos y apiñándonos hasta meter ochenta o cien personas en cada vagón. Los guardias hicieron a papá responsable de nuestro vagón. Le dijeron que si alguien se escapaba, lo matarían a él de un disparo. Las puertas se cerraron herméticamente por fuera con una barra de metal que encajaban en dos manijas a cada lado. Alambre de púas cubría cuatro pequeñas ventanas altas, dos a cada lado del vagón. ¿Quién podría escaparse?

Miriam y yo nos abrazamos. No había lugar para sentarse o acostarse, ni siquiera para los niños pequeños. A pesar de mi corta edad presentía que algo terrible iba a suceder. El ver a nuestros padres tan indefensos, cuando siempre habían protegido y velado por nuestra familia, hizo que mi sentido de seguridad se fuera a pique.

Durante varios días el tren rodó por las vías, con su incesante traqueteo, interrumpido ocasionalmente por el silbato de la locomotora. No solo no teníamos un lugar donde sentarnos o acostarnos, sino que no teníamos comida, ni agua y tampoco baños. Recuerdo que me moría de sed y sentía la boca reseca y pastosa.

El primer día, cuando el tren se detuvo para reabastecerse de combustible, papá le pidió agua al guardia. El hombre le pidió cinco relojes de oro a cambio. Entre todos los adultos reunieron los relojes y se los entregaron. Entonces el guardia arrojó un cubo de agua a través de la ventanilla; agua desparramada y totalmente desperdiciada. No recuerdo que nadie alcanzase a beber de esa agua. Puede que yo saboreara una gota o dos, pero no logró calmar mi sed. Al segundo día, el tren se detuvo nuevamente y ocurrió lo mismo con el agua.

Casi al final del tercer día el tren se detuvo nuevamente y esta vez, hablando en húngaro, papá le pidió agua al guardia. Alguien contestó en alemán: «¿*Vass*? ¿*Vass*?» «¿Qué? ¿Qué?». No había entendido lo que papá le había dicho.

Entonces caímos en la cuenta: no estábamos en Hungría. Habíamos cruzado la frontera de Polonia, ahora territorio alemán.

Una sensación de pánico se apoderó de nosotros. Todos, incluida yo, entendíamos que mientras estuviéramos en Hungría cabía la esperanza de que nos trasladaran a un campo de trabajo. Todo el mundo sabía, a estas alturas, que los alemanes y Alemania significaban la muerte para los judíos. Muchos comenzaron a rezar. El vagón se llenó con el llanto ahogado de los adultos, y la desesperación, cada vez en aumento, de los niños. Alguno que otro hizo el intento de decir el *Sh'ma,* la oración hebrea para pedirle a Dios que oyera nuestra súplica, que nos salvara.

El tren se puso en marcha nuevamente. Miriam y yo guardamos silencio mientras el tren cogía cada vez más velocidad. Habíamos pasado tres días sin agua y comida.

Al cuarto día, el tren se detuvo. Papá nuevamente le pidió agua al guardia. No hubo respuesta.

Llegamos a la conclusión de que habíamos llegado a nuestro destino. Me puse de puntillas para tratar de mirar por la ventanilla. El cielo estaba oscuro. Durante una o dos horas oímos voces en alemán dando órdenes. Las puertas del vagón permanecían cerradas.

Por fin llegó el amanecer, el momento en que papá decía sus oraciones de la mañana. Sacó su libro de rezos y trató de identificar en qué dirección quedaba el oriente; los judíos siempre oran en dirección a Israel, que está en el Mediano Oriente. Me pregunté cómo podía rezar bajo estas circunstancias.

—Papá —dije—. No sabemos dónde estamos. Nos mintieron. No estamos en un campo de trabajo.

—Eva, debemos pedirle a Dios que se apiade de nosotros —dijo—. Acérquense —dijo, juntando a la familia en una esquina del vagón. Miriam y yo nos apretujamos junto a él, seguidas por mamá y nuestras hermanas. Guardamos silencio para escucharlo:

—Prométanme que si alguno de ustedes sobrevive a esta terrible guerra, irá a Palestina, donde vive el tío Aaron, y donde los judíos pueden vivir en paz.

Nunca nos había hablado a Miriam y a mí de esa manera, como si fuéramos personas adultas. Todas hicimos esa solemne promesa.

Papá comenzó sus oraciones.

Afuera se seguían escuchando voces dando órdenes en alemán. Los ladridos de los perros llegaban de todas las direcciones. De repente, se escuchó el chirrido de las puertas al abrirse. Los guardias ordenaron que todos saliéramos.

—¡*Schnell!* ¡*Schnell!* ¡Rápido! ¡Rápido!

Por todos los lados se veían altas alambradas y torres de vigilancia. Los soldados nos apuntaban con sus armas desde las torres. No recuerdo cómo llegamos desde el vagón hasta la plataforma de selección en el andén. Es posible que Miriam y yo saltáramos o bajáramos del tren por una rampa de madera. Pero ahora estábamos paradas en la plataforma, muertas de miedo, dos niñas de diez años con idénticos vestidos de color vino.

Capítulo Tres

Mamá nos agarró a Miriam y a mí de las manos. Estábamos una al lado de la otra en la plataforma de concreto. El olor me llegó de repente: era un olor fétido que nunca antes había olido. Me recordaba el olor de plumas de ave quemadas. En la granja, después de desplumar los pollos, quemábamos sobre una llama las plumas pequeñas que quedaban para dejarlos completamente limpios. Pero este olor era penetrante. Era como si impregnara todo alrededor; no había forma de evitarlo. No supe en aquel entonces a qué se debía ese olor.

Todo era una total confusión y algarabía. La gente no paraba de gritar.

Gritos.

Confusión.

Desesperación.

Ladridos.

Órdenes.

Llanto, llanto, llanto. El llanto de los niños por sus padres. El llanto de los padres por sus bebés. El llanto de gente sorprendida y desconcertada. El llanto de personas que ahora comprendían con certeza que la peor de sus pesadillas se había hecho realidad. Gritos cargados del inmenso e incomprensible dolor por el sufrimiento físico, emocional y por la pérdida de la vida humana.

Yo me sentía ajena a lo que ocurría a mi alrededor. Por aquí y por allá veía alambradas, reflectores e hileras de edificaciones. Los guardias de las SS se paseaban entre la gente como si buscaran algo.

De repente, sentí como si hubiera tomado posesión de mi cuerpo otra vez. Miré a mí alrededor y sentí el cuerpo tembloroso de mi hermana. Pero ¿dónde estaba papá? ¿Y Edit y Aliz? Busqué por todas partes sin soltar las manos de mamá y de mi hermana. No pude encontrar al resto de mi familia. Después de cuatro días de tan estrecha proximidad con mis dos hermanas y mi papá, ahora los había perdido en este caos.

Nunca más los volví a ver.

Me agarré con fuerza de la mano de mamá. Un guardia de las SS pasó corriendo. Gritaba en alemán: «¡*Zwillinge! ¡Zwillinge!*» «¡Gemelos! ¡Gemelas!». De repente, pasó delante de nosotras y se detuvo. Sus ojos iban de la cara de Miriam a la mía, sin perder detalle de nuestros vestidos de color vino a juego.

—¿Son gemelas? —le preguntó a mamá.

Ella dudó por un instante:

—¿Es bueno eso?

—Sí —dijo el guardia.

—Son gemelas —dijo decidida mamá.

Sin decir una sola palabra, nos agarró y nos separó de mamá.

Miriam y yo gritábamos y llorábamos a medida que nos arrastraban y nos alejaban de mamá. Le rogamos que nos dejara quedarnos con ella, pero nuestras súplicas fueron en vano. Nos llevó a empujones por entre las vías del tren y lejos de la plataforma. Me viré y vi a mi madre, desesperada, con los brazos extendidos hacia nosotras, sollozando. Un soldado la agarró y la empujó al otro extremo de la plataforma. Mamá desapareció entre el gentío.

Después todo sucedió muy rápido. Los guardias separaron a la gente en grupos. Un grupo consistía de hombres y mujeres jóvenes. En otro, había niños y personas mayores. Miriam y yo caminábamos abrazadas mientras nos llevaban hacía un grupo de trece pares de gemelos que habían llegado en nuestra caravana: veintiséis niños confusos y atemorizados.

Un guardia trajo a una madre y a sus gemelas al grupo. ¡La reconocí enseguida! Era la señora Csengeri, la esposa del tendero en Simlel Silvaniei, el pueblo próximo a nuestra villa. Las niñas tenían ocho años y cuando íbamos a su tienda a comprar, ella y mamá siempre conversaban acerca de los problemas de criar gemelos. ¿Por qué permitieron los guardias que su mamá las acompañara y a la nuestra no? Pero no tuve tiempo de pensar en la respuesta porque nos pusimos en maracha inmediatamente.

Después de media hora, un guardia nos llevó a un edificio próximo a una alambrada. Tan pronto como entramos se nos ordenó quitarnos la ropa. Me sentí paralizada otra vez, como si el cuerpo me hubiese abandonado. ¿Sería qué estaba viviendo una pesadilla? Terminaría en el momento que abriera lo ojos y encontrara a mamá a mi lado protegiéndome y consolándome. Pero no estaba soñando.

Nos cortaron el pelo bien corto. El barbero nos explicó que los gemelos teníamos un tratamiento privilegiado. No teníamos que pelarnos a rape. Por suerte, yo había aprendido algo de alemán y podía entender algo de lo que decían. Vi caer al suelo mis largas trenzas, y no me sentí privilegiada.

Después nos dimos una ducha. Nos fumigaron la ropa con un producto químico contra piojos y después nos la devolvieron. Usar nuestra propia ropa era otro de esos «privilegios» garantizados a los gemelos, no a los otros prisioneros. Miriam y yo nos pusimos los vestidos, pero ahora teníamos una cruz roja grande pintada en la parte de atrás. Odié inmediatamente esa cruz roja en el vestido. Usar el vestido no me parecía un privilegio. Sabía que al igual que la estrella amarilla que los judíos estaban obligados a llevar en los guetos, los nazis utilizaban la cruz roja para identificarnos y así impedir que escapásemos.

En ese momento decidí que no obedecería las órdenes de los guardias y les causaría muchos problemas. En el centro de procesamiento se tatuaban los brazos de los prisioneros. Los observábamos entrar uno tras otro. Les pedían que extendieran los brazos mientras que con un instrumento cauterizaban números en la piel, lo cual producía un dolor intenso.

No yo. No iba a ser una oveja. Cuando llegó mi turno me resistí y pataleé. El guardia me agarró por el brazo. La presión que hizo en mi brazo, echó abajo mi determinación.

—¡Quiero a mi mamá! —grité.

—¡Estate quieta! —ordenó el guardia.

Le mordí el brazo.

—¡Traigan a mi mamá!

—La podrás ver mañana.

Sabía que mentía. Acababan de separarnos de ella, ¿por qué entonces iban a reunirnos al día siguiente? Cuatro personas tuvieron que sostenerme mientras calentaban sobre una llama la punta de un instrumento parecido a una pluma y lo sumergían en tinta azul. Con la punta caliente empezaron a tatuarme un número en el antebrazo izquierdo: A-7063

—¡Paren! —grité—. ¡Eso duele!

Me retorcí y me moví tanto que no lograron que me estuviera quieta por completo. Por eso los números quedaron borrosos.

Luego tatuaron a Miriam. Ella no luchó como yo. Su número era A-7064. Y los números se veían claramente.

Sentíamos dolor en los brazos que estaban hinchados. Pronto fuimos llevadas a través del campo hasta nuestras barracas. Por el camino vimos varios grupos de personas esqueléticas acompañadas por guardias de las SS y por perros enormes. Los prisioneros regresaban del trabajo. ¿Qué clase de trabajo hacían que estaban tan flacos? ¿Estarían enfermos? ¿Acaso no les daban de comer? A nuestro alrededor se sentía un horrible y penetrante olor a plumas de pollo quemadas, y todo lucía oscuro, gris y sin vida. No recuerdo haber visto hierba, árboles o flores por ningún lado.

Finalmente llegamos a las barracas en el Campo II B, destinado para niñas, en Birkenau, conocido también como Auschwitz II. El edificio era un establo que había sido construido para caballos. Estaba sucio. El hedor dentro era peor que fuera. No había ventanas en la parte baja de las paredes para que entrara luz o ventilación; solo arriba, en lo alto de nuestras cabezas, lo cual era sofocante. En medio de la barraca había una doble fila de ladrillos que formaban una banca. Al final había tres letrinas, otro privilegio de los gemelos: no teníamos que salir a la letrina pública para ir al baño. Había varios cientos de gemelas de dos a dieciséis años. Divisamos a las hijas de la señora Csengeri, pero en ese momento no nos acercamos a hablar con ellas.

La primera noche, unas gemelas húngaras que ya llevaban ahí un tiempo, nos mostraron unas literas de tres pisos. Miriam y yo teníamos la litera de abajo.

Cuando trajeron la cena, todos los niños corrieron en dirección a la puerta. La cena consistía en un trozo de pan negro de dos pulgadas y media y un líquido de color marrón que todo el mundo llamaba «café de mentira». Miriam y yo nos miramos una a la otra.

—No podemos comer esto —le dije a una de las gemelas.

—Es todo lo que te van a dar hasta mañana —dijo ella—. Será mejor que te lo comas.

—No es *kosher* —dije.

En la casa de la granja solo comíamos comida *kosher:* alimentos preparados según los preceptos del judaísmo, que papá bendecía antes de cada comida.

Las gemelas se rieron de nosotras, pero no fue en realidad una risa, sino más bien una sonrisa que expresaba lo que pensaban: «Qué tontas». Con gusto devoraron el pan que Miriam y yo les ofrecimos.

—Estamos agradecidas por el pan —dijeron—, pero será mejor que aprendan a comer de todo si quieren sobrevivir. No pueden ser quisquillosas ni preocuparse si es *kosher* o no.

Después de la comida, ellas y otras niñas nos pusieron al día:

—Estamos en Birkenau —nos dijeron—. Es parte de Auschwitz, pero estamos a tres kilómetros del campo principal. Auschwitz tiene una cámara de gas y un crematorio.

—No entiendo —dijo Miriam.

—¿Qué es una cámara de gas? —pregunté—. ¿Qué es un crematorio?

—Sígannos y se los mostraremos.

Las gemelas nos llevaron a la parte de atrás de las barracas cerca de la puerta donde la supervisora no podía vernos. Miramos en dirección al cielo. Salían llamas de las chimeneas que se alzaban sobre Birkenau. Un humo cubría todo el campo y una lluvia fina de cenizas caía del cielo, oscureciéndolo como si un volcán hubiera hecho erupción. Era un humo denso. Y nuevamente nos llegó ese olor tan horrible.

Aunque tenía miedo de preguntar, me sorprendí cuando dije:

—¿Qué queman tan tarde en la noche?

—Personas —dijo una niña.

—¡A las personas no se las quema! —contesté—. No digas tonterías.

—Los nazis sí lo hacen. Quieren quemar a todos los judíos.

Alguien comentó:

—¿Vieron cómo los nazis separaron en dos grupos a la gente que llegó en el tren esta mañana? Posiblemente están quemando uno de esos grupos ahora. Si creen que eres joven y fuerte para trabajar, te dejan vivir. Al resto los llevan a las cámaras de gas y los matan con gas tóxico.

Pensé en mamá, tan débil después de una larga enfermedad.

Pensé en papá, abrazado a su libro de oraciones.

Pensé en nuestras dos hermanas mayores.

Para mis adentros, yo sabía, sin que nadie tuviera que decírmelo, que habían sido empujados a la línea que los conduciría a las cámaras de gas. Sin embargo, para contrarrestar ese pensamiento, me permití alimentar la esperanza de que aún estuvieran vivos. Al fin y al cabo eran mayores y más inteligentes que Miriam y yo.

—Pero somos niñas —dije—. No podemos trabajar y, sin embargo, estamos vivas.

—Por el momento —dijo una niña—. Es porque somos gemelas y nos utilizan en experimentos que hace el Dr. Mengele. Él llegará mañana después de que pasen lista.

Con voz temblorosa pregunté:

—¿Qué clase de experimentos?

Lea, una niña de doce años, nos dijo que dejáramos de preocuparnos y fuéramos a dormir.

Todas dormían con la ropa y los zapatos puestos, y así lo hicimos Miriam y yo. Nos acostamos en nuestra litera de madera sobre un colchón de paja con nuestros vestidos a juego. Aunque estaba cansada, no podía dormirme. Dando vueltas de un lado a otro, vi algo moverse en el suelo.

—¡Ratones! —grité sin siquiera pensarlo.

—¡Silencio! —dijo alguien—. No son ratones, son ratas. No te harán daño si no tienes comida en la cama. Duérmete ya.

Había visto ratones en la finca, pero no eran tan enormes como estas ratas; eran del tamaño de gatos pequeños.

Necesitaba usar la letrina y Miriam también. En la oscuridad, bajamos los pies despacio, con cuidado, para evitar las ratas. Dimos patadas en el piso para ahuyentarlas y corrimos al otro extremo de las barracas. La letrina medía unos doce pies cuadrados, las paredes eran de madera oscura y el piso de cemento. Las letrinas no son como los baños de hoy; tienen hoyos en el piso y tienes que agacharte. Eran peor que el resto de las barracas. El vómito y los excrementos que no habían caído en los hoyos estaban por todas partes. El olor era horrible.

Al entrar me quedé paralizada. En el piso, entre toda esa suciedad, yacían los cuerpos desnudos de tres niñas. Nunca antes había visto a una persona muerta. Y allí estaban, en ese suelo duro, frío y sucio…, muertas. Fue justo en ese momento cuando me di cuenta de que la misma suerte nos podría ocurrir a Miriam y a mí. Y en silencio me prometí que haría todo lo que estuviera a mi alcance para que ella y yo no termináramos muertas como esas niñas. Teníamos que ser fuertes, sagaces, hacer lo que *fuera necesario*, para no terminar de esa manera.

A partir de ese momento me hice el propósito de que, pasara lo que pasara, saldríamos del campo con vida. Nunca permití que el miedo o el temor se adueñasen de mí. Tan pronto como trataban de apoderarse de mí los echaba fuera. Desde el momento en que salí de la letrina me concentré con todas mis fuerzas en una sola cosa: cómo sobrevivir cada día en este horrible lugar.

Capítulo Cuatro

Muy temprano en la mañana se oyó un silbato. Todavía no había amanecido.

—¡Arriba! ¡Arriba! ¡Arriba! —gritó la supervisora de las barracas, una *pflegerin,* o enfermera a cargo de nosotras. Vestía una bata blanca.

—¡Prepárense! —gritó.

Miriam y yo desconocíamos la rutina. Cogidas de las manos, observamos cómo las niñas mayores ayudaban a las más pequeñas a prepararse. Afuera nos pusieron en líneas de cinco para contarnos. Demoró casi una hora pasar lista. Mirando hacia atrás, no recuerdo ninguna niña sentada o llorando. Ni siquiera las que tenían dos años. Pienso que todas intuíamos que nuestras vidas dependían de nuestra cooperación.

Después de pasar lista entramos para ordenar las barracas. Las niñas muertas que Miriam y yo habíamos visto la noche anterior ya no estaban en el suelo. Nos enteramos que cuando una niña fallecía, las niñas que ocupaban la misma litera no querían dormir al lado de un cadáver y lo llevaban a las letrinas y se quedaban con sus ropas.

Respecto a los tres cadáveres, los adultos los habían colocado en sus respectivas literas para contarlos. A diario se contaban a todos los niños, vivos o muertos. El Dr. Mengele sabía cuántos gemelos tenía, y no era permitido deshacerse de ningún cuerpo sin seguir los procedimientos establecidos.

La primera mañana, un guardia de las SS se paró a la entrada de las barracas y comenzó a gritar:

—¡Ahí viene El Dr. MENGELE!

Los supervisores parecían nerviosos y ansiosos por la llegada de tan importante hombre. Miriam y yo nos paramos en posición firme, sin apenas respirar.

El Dr. Mengele entró a las barracas. Estaba vestido elegantemente con un uniforme de las SS, y calzaba relucientes botas negras de montar. Usaba guantes blancos y portaba un bastón.

Lo primero que me impresionó fue lo guapo que era; parecía una estrella de cine. Caminó por toda la barraca, acompañado por una escolta de ocho personas, contando los pares de gemelos en cada litera. Después nos enteramos de que el grupo estaba formado por un doctor llamado Konig, una joven intérprete, y varios asistentes y guardias de las SS. Siempre que visitaba las barracas lo acompañaban por lo menos ocho personas.

Cuando el Dr. Mengele pasó por las literas donde estaban las niñas muertas montó en un ataque de cólera.

—¿Por qué permitieron que murieran? —les gritó a la enfermera y a los guardias—. ¡No me puedo permitir el lujo de perder ni un solo niño!

La enfermera y los supervisores temblaban.

Continuó contando hasta que llegó donde estábamos Miriam y yo. Se detuvo y se nos quedó mirando fijamente. Yo estaba petrificada. Pero entonces, continuó su camino. Las otras niñas nos explicaron que el día antes de nuestra llegada él había estado en la plataforma de selección. Era él quien hacía la selección de los prisioneros con un movimiento de su bastón. A la derecha significaba la cámara de gas; a la izquierda, el campo de trabajo forzado.

Una vez que Mengele se fue de las barracas nos dieron la ración de comida. Miriam y yo bebimos el café de mentira, a pesar de que sabía a rayos. Pero lo importante, descubrimos más adelante, es que estaba hecho con agua hervida y, por lo tanto, no nos daría disentería o incontrolable diarrea.

En grupos de cinco marchamos desde Birkenau hasta los laboratorios en Auschwitz. Entramos a un edificio de ladrillos de dos plantas. Nos obligaron a quitarnos los vestidos, la ropa interior y los zapatos. Había niños y niñas: veinte o treinta pares de gemelos, cosa que me sorprendió en un principio.

Más adelante supe que los varones vivían en otras barracas en mejores condiciones que nosotras. Estaban bajo el cuidado de un joven judío prisionero, que había sido un oficial del ejército, llamado Zvi Spiegel, a quien Mengele había escogido para supervisarlos. Zvi intervino para ayudar a los niños, y convenció a Mengele de que les proporcionara mejor alimentación y mejores condiciones de vida. Mengele seguramente pensó que así sus conejillos de Indias estarían en mejor estado para llevar a cabo sus experimentos. Zvi, también conocido como «el papá de los gemelos», consolaba a los niños, les daba juegos para mantenerlos distraídos y les enseñaba un poco de geografía y matemáticas. Durante el día los dejaba jugar con un balón de fútbol hecho de retazos de tela para que se mantuvieran en buenas condiciones físicas. También hizo que se aprendieran los nombres de todos para que así se sintieran más humanos.

En nuestras barracas no teníamos a nadie que nos protegiera y nos ayudara a hacer amistades. Nunca me dirigí a ninguna otra niña para preguntarle su nombre o para presentarme. Estábamos solas, identificadas solo por números, cada una tratando de sobrevivir. La única persona en la que yo pensaba y que me preocupaba era Miriam.

Mirando alrededor en ese edificio de ladrillos vi algunos mellizos, o sea hermanos que no eran idénticos como Miriam y yo. Más adelante me enteré de que el Dr. Mengele quería descubrir el secreto de la gestación de gemelos. Uno de los objetivos de sus experimentos era descubrir cómo poder crear bebés de cabello rubio y ojos azules para aumentar la población alemana. Hitler llamaba a los arios, alemanes de piel blanca, cabello rubio y ojos azules, «la raza pura», y nosotros, los gemelos, éramos sus conejillos de Indias. Con el propósito de estudiar otras «anormalidades» naturales, y para descubrir cómo prevenir mutaciones genéticas, los experimentos de Mengele también incluían gigantes, enanos, discapacitados y gitanos. Los enanos vivían en las barracas próximas a las nuestras, y a veces los veíamos atravesar el campo.

Todos nos sentábamos completamente desnudos sobre bancos, incluidos los varones. El frío era intenso. No teníamos cómo escondernos. Era vergonzoso estar allí sin ropa. Algunas niñas cruzaban las piernas y se cubrían con las manos. Otras temblaban de miedo mientras que los guardias nos señalaban y se reían. La desnudez era una de las cosas más deshumanizantes del campo.

El Dr. Mengele aparecía de vez en cuando para supervisar. Otros doctores o enfermeras de batas blancas, que eran reclusos o prisioneros como nosotros, nos estudiaban y tomaban notas.

Primero me midieron la cabeza con un instrumento llamado calibrador, hecho de dos piezas de metal, que presionaron contra el cráneo. Un doctor dictaba los números a su asistente, quien los anotaba en un expediente.

También nos midieron los lóbulos de las orejas, el tabique de la nariz, los labios, la forma, el ancho y el color de los ojos. Compararon el tono azul de los ojos de Miriam con el de los míos en un cuadro gráfico que mostraba diferentes tonos. Medían una y otra vez. A veces pasaban tres o cuatro horas midiendo solo una oreja. Cada vez que me medían también lo hacían con Miriam, para ver en qué nos parecíamos y en qué nos diferenciábamos. Un fotógrafo tomaba fotografías; un artista dibujaba bocetos. Técnicos tomaban radiografías, a veces hasta cinco y seis.

Después, nos hacían preguntas y nos daban órdenes. Un preso que hablaba húngaro y alemán hacía de intérprete. Si yo hacía algo, Miriam hacía lo mismo.

—Cada vez que te sigo, ellos escriben algo en el cuaderno —susurró Miriam—. Quieren ver cuál de las dos es la líder.

Dese luego que era yo, como siempre lo había sido. Después de observarnos el día anterior en el centro de procesamiento donde me resistí a que me tatuaran, ahora también sabían que yo era una agitadora.

Estuvimos allí sentadas de seis a ocho horas. Odié cada minuto. Finalmente, nos permitieron vestirnos y nos llevaron de vuelta a las barracas para la comida de la noche: una mísera porción de pan negro de aproximadamente dos pulgadas y media de largo.

Esa misma tarde la enfermera nos obligó a cantar una canción en alemán. Se titulaba: *Soy una niñita alemana. Si no lo fuera... ¡entonces de ninguna manera!* Hizo que formáramos un círculo y que una niña quedara de pie en medio del círculo. Teníamos que dar vueltas alrededor de ella y cantar: «¡De ninguna manera! ¡De ninguna manera!».
—¡Sucias, asquerosas judías! —nos gritaba la enfermera—. ¡Marranas!

Odiábamos a la enfermera. La llamábamos «víbora» a sus espaldas. Tenía las piernas gruesas y un pelo negro recogido en una trenza. La víbora se burlaba de nosotros y gritaba:

—¿Quiénes se creen que son?

No contestábamos. No creo que ella esperara una respuesta tampoco.

—¿Piensan que son muy listas porque están vivas?

—dijo la víbora—. Pronto van a morir. Vamos a matarlas a todas.

Durante los primeros días, Miriam y yo llorábamos todo el tiempo. Pero pronto comprendimos que con llorar no arreglábamos nada. La mayor parte del tiempo estábamos como aleladas.

Sobrevivir era lo más importante. Sabíamos que si seguíamos con vida era por los experimentos. Por un accidente afortunado de la naturaleza.

Porque éramos las gemelas de Mengele.

Capítulo Cinco

Estar en Auschwitz era como sufrir un accidente de auto todos los días. Cada día ocurría algo espantoso.

En apenas dos semanas a Miriam y a mí nos habían rapado la cabeza. Como todas las niñas en la barraca, estábamos infestadas de piojos. Aprendí que los piojos depositan los huevos en el pelo y se transmiten de una persona a otra. La única forma de eliminarlos es utilizando un champú especial o un tratamiento químico, y peinarse todos los días con un peine especial. Como no teníamos ninguna de estas cosas, los piojos se multiplicaban y se pasaban de persona a persona, a la ropa de vestir y de cama, estaban por todas partes. Los piojos y las moscas anidaban en las mantas, colchones de paja y ropa. Nos pasábamos todo el tiempo rascándonos. A pesar de tener las cabezas rapadas todavía teníamos piojos. Miriam y yo nos pasábamos todo el tiempo quitándonos los piojos la una a la otra y los matábamos con la yema de los dedos.

Una vez a la semana las gemelas teníamos el privilegio de darnos una ducha. Cada una recibía una barra de jabón. En un enorme baño con duchas nos quitábamos la ropa y la dejábamos en una pila para que la desinfectaran. Más adelante supe que Zyklon B, el producto químico que utilizaban para desinfectarla, era una de las tres sustancias químicas usadas para matar a la gente en las cámaras de gas de Auschwitz. Los nazis mezclaban Zyklon B, que venía en gránulos de color gris, con cianuro de hidrógeno y diatomita para obtener una fórmula química para el exterminio en masa en las cámaras de gas. El gas, mezclado con el olor a carne quemada y huesos, creaba el hedor que percibí desde el primer día. No es un olor que un ser humano pudiera olvidar jamás.

Miriam y yo tratábamos de no separarnos nunca. Antes de lavarnos, nos metíamos en una bañera que contenía un líquido blancuzco. Me quemaba las piernas y me dejaba manchas rojas. A veces, las supervisoras nos restregaban la cabeza y el cuerpo, y el desinfectante me hacía arder los ojos. Entre cuarenta y cincuenta gemelas se duchaban al mismo tiempo. El Dr. Mengele quería que siempre estuviéramos limpias; a veces hacía que sus asistentes limpiaran las barracas. Pero era inútil, la suciedad y los piojos que rondaban el campo volvían a apoderarse del lugar. Nos las arreglábamos lo mejor que podíamos.

En una ocasión vimos a unos niños en las duchas. Recuerdo que me fijé en ellos y pensé para mis adentros: «Parecen esqueletos. Qué bueno que yo no luzco así». De hecho, posiblemente Miriam y yo lucíamos así también. Ella tenía los ojos hundidos, y yo podía contar todos los huesos de su cuerpo. Pero yo no me sentía esquelética ni patética. Me sentía fuerte.

El Dr. Mengele estableció una rutina para nosotras. Tres días a la semana éramos llevadas a los laboratorios de Auschwitz para estudios tan exhaustivos que nos dejaban totalmente agotadas. Los otros tres días íbamos a los laboratorios de sangre de Birkenau. Un día daba paso a otro. Cada mañana, después de pasar lista, Mengele llegaba a las barracas para pasar inspección. Con una sonrisa nos llamaba *meine kinde*, mis niñas. A algunas de las mellizas les caía bien y lo llamaban tío Mengele. Pero no yo. Le tenía terror. Era consciente, aun en aquel entonces, de que no nos cuidaba como lo hubiera hecho un doctor de verdad.

Los martes, jueves y sábados íbamos al laboratorio de sangre. Miriam y yo nos sentábamos en un banco junto con otras dos hermanas. Una persona nos ataba el antebrazo con una goma delgada y flexible. Dos personas me atendían al mismo tiempo. Un doctor me inyectaba una aguja en el brazo izquierdo para extraer sangre. Sacaba un frasco de sangre y me pinchaba otra vez. Podía ver manos que se llevaban frascos llenos de sangre roja, mi sangre. Recuerdo que me preguntaba: «¿Cuánta sangre puedo perder y todavía vivir?». Mientras tanto, otro doctor me inyectaba algo en el otro brazo. ¿Qué inyectaba en la sangre que me quedaba?

Odiaba las inyecciones. Pero rehusaba llorar porque no quería darles la satisfacción a los nazis de saber que me estaban causando dolor. Me aguantaba, miraba a otro lado y contaba los pinchazos hasta que terminaban.

Miriam y yo nunca hablábamos de las inyecciones cuando regresábamos a las barracas. Para mí esos pinchazos eran el precio a pagar para poder sobrevivir: les dábamos nuestra sangre, nuestro cuerpo, nuestro amor propio, nuestra dignidad y, a cambio, nos dejaban vivir un día más. No recuerdo ninguna niña que se resistiera.

En esa época no sabíamos en qué consistían los experimentos o qué cosa nos inyectaban. Más adelante supimos que el Dr. Mengele, deliberadamente, les inyectaba a algunas mellizas virus de enfermedades peligrosas, que podían causar la muerte, como la fiebre escarlata, para luego inyectarles algo a ver si podía curar la enfermedad. Algunas inyecciones eran para cambiar el color de los ojos.

Unas niñas de más edad nos contaron años más tarde, después de haber sido liberadas, que Mengele las había llevado a un laboratorio y les había hecho una transfusión con la sangre de varones, y a ellos les había hecho una transfusión con la sangre de ellas. Quería descubrir la manera de cambiar niñas a niños, y viceversa. Muchos de estos detalles los supe cuarenta años más tarde, como el caso de los gemelos que castró para ver si los podía convertir en chicas. Uno de ellos murió en la cama que compartía con su hermano, quien posteriormente comentó: «Podía sentir cómo el cuerpo de mi hermano se enfriaba».

Se rumoraba entonces que seis parejas de gemelos fueron llevados al laboratorio y no salieron con vida. Nunca vi ver matar a nadie; solo sabía que algunos desaparecían. Pero, finalmente, supe que esos rumores eran ciertos, que muchos morían a consecuencia de los experimentos. Nos decían que habían sucumbido a enfermedades. Mengele simplemente los reemplazaba con nuevos gemelos que llegaban en los trenes. Así era cómo incluso los más privilegiados prisioneros de Auschwitz éramos tratados. Ni siquiera los favoritos de Mengele eran tratados como seres humanos. Éramos desechables, reemplazables.

Lo que nunca reemplazaron fue nuestros lindos vestidos a juego, que se estropearon tanto que no los pudimos volver a usar. Nos dieron ropa de mujer. Pero nos quedaba tan grande que Miriam y yo atábamos un cordel alrededor de la cintura para subir el largo de los vestidos. En la parte de arriba guardábamos lo que teníamos: una taza de metal o un trozo de pan de la noche anterior.

En las mañanas, antes de pasar lista, y en los días que íbamos al laboratorio, ayudábamos a cuidar a las más pequeñas. Afuera de las barracas teníamos un patio cercado donde jugábamos con ellas. Las mayores nos enseñaron a Miriam y a mí a tejer. Arrancábamos trozos de alambre de las cercas y los golpeábamos contra las piedras para poder extraer las láminas. Tomaba mucho tiempo. Luego, afilábamos las láminas con rocas para poder hacer las agujas de tejer. Una de las gemelas tenía un suéter viejo que deshicimos para utilizar el hilo.

Una a una, cada niña tejía un poco hasta que se terminaba el hilo, y luego volvíamos a empezar otra vez. No era cuestión de ver terminado el trabajo: una gorra, una bufanda o calcetines. Tejer nos ayudaba a olvidar nuestros problemas.

Pero la muerte y el peligro siempre nos rondaban. Un día, cuando estábamos afuera, un carretón con cadáveres pasó delante de nosotras. Corrimos a la cerca para ver si reconocíamos a alguien.

Una niña gritó: «¡Mamá! ¡Es mi mamá!», y se echó a llorar. Su llanto era ahora un lamento mientras el carretón continuaba su marcha. Sentí lástima por ella, pero no supe qué decirle.

En ese momento pensé que tal vez nuestra madre también había pasado en uno de esos carretones y no la habíamos visto. Todos los días pasaban carretones. A veces, los prisioneros estaban muertos, a veces, moribundos, pero todos sabíamos que eran transportados a su lugar de descanso final.

Hasta ese momento yo no había vuelto a pensar en mi familia. Quizás era debido al pan que nos daban todas las noches que supuestamente no solo contenía aserrín sino un polvo conocido como bromuro que nos hacía olvidar recuerdos, algo parecido a un sedativo. Fuera lo que fuera, no podía sentir lástima de mí misma o de Miriam o de nadie. No podía pensar en mí como una víctima, porque eso sería mi muerte. Para mí no existía otro pensamiento que sobrevivir.

Por la noche, Miriam y yo nos acostábamos en nuestra litera junto con otras dos hermanas gemelas. Nos acurrucábamos, pero no decíamos nada. Si yo le hubiese dicho cuánta hambre tenía o lo miserable que me sentía, no hubiera servido para nada y hubiera empeorado la situación. En la oscuridad escuché un silbato y pasar a un auto y una motocicleta. Ruidos de gente que marchaba, lamentos, vómitos, ladridos y sollozos interrumpían el silencio de la noche: como una orquesta que acompaña la más absoluta miseria humana.

En ocasiones, cuando las supervisoras dormían, nuestra antigua amiga de la villa cercana a la nuestra, la Sra. Csengeri, entraba a escondidas a la barraca para ver a sus hijas. Era una mujer inteligente e ingeniosa. Cuando llegó a Auschwitz, convenció al Dr. Mengele de que podría ayudarlo dándole información sobre sus hijas y pudo así quedarse en las barracas de las mujeres. Les traía comida a sus hijas, ropa interior, gorros o cosas que había recolectado u «organizado». «Organizado» era el lenguaje que se usaba en el campo para referirse a cosas robadas a los nazis. Envidiaba a esas niñas por tener una madre que estaba viva y que las cuidaba; Miriam y yo solo nos teníamos la una a la otra.

No me permitía pensar en mamá, papá o mis hermanas mayores. Tenía que pensar en Miriam y en mí misma. Tenía que repetirme una y otra vez:

Solo un día más.

Solo un experimento más.

Solo una inyección más.

Solo, por favor, por favor, que no nos enfermemos.

Capítulo Seis

Un sábado de julio nos llevaron al laboratorio donde me inyectaron algo que debía ser un germen. Me inyectaron solo a mí, no a mi hermana. Años más tarde Miriam y yo pensamos que me escogieron a mí porque se habían dado cuenta de que yo era la más fuerte de las dos.

Para lo que no estaba preparada era para que esa inyección me enfermase. Durante la noche tuve fiebre muy alta. Tenía fuertes dolores de cabeza, la piel me ardía. Temblaba de tal manera que no podía dormir a pesar de estar cansada. Desperté a Miriam.

—Me siento muy mal —susurré tiritando en su oído.

Ella enseguida se despertó muy preocupada:

—¿Qué vamos a hacer?

—No sé —dije—. Será mejor disimular y que parezca que estoy bien.

El lunes por la mañana, cuando salimos para pasar lista, me sentía muy mareada. Tenía los brazos y las piernas cubiertas de manchas rojas y estaban hinchados el doble de su tamaño. Era tanto el dolor que pensé que mi piel iba

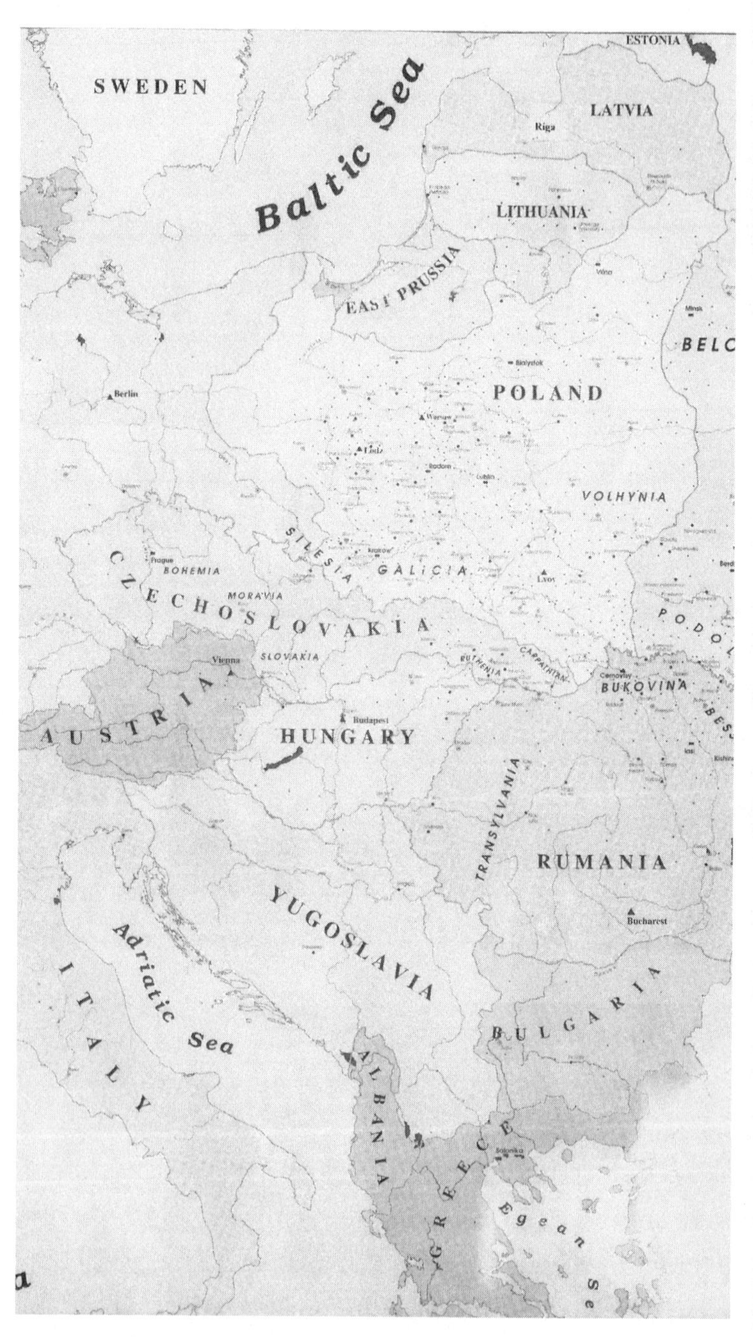

1. *Mapa de Europa del Este, 1944*

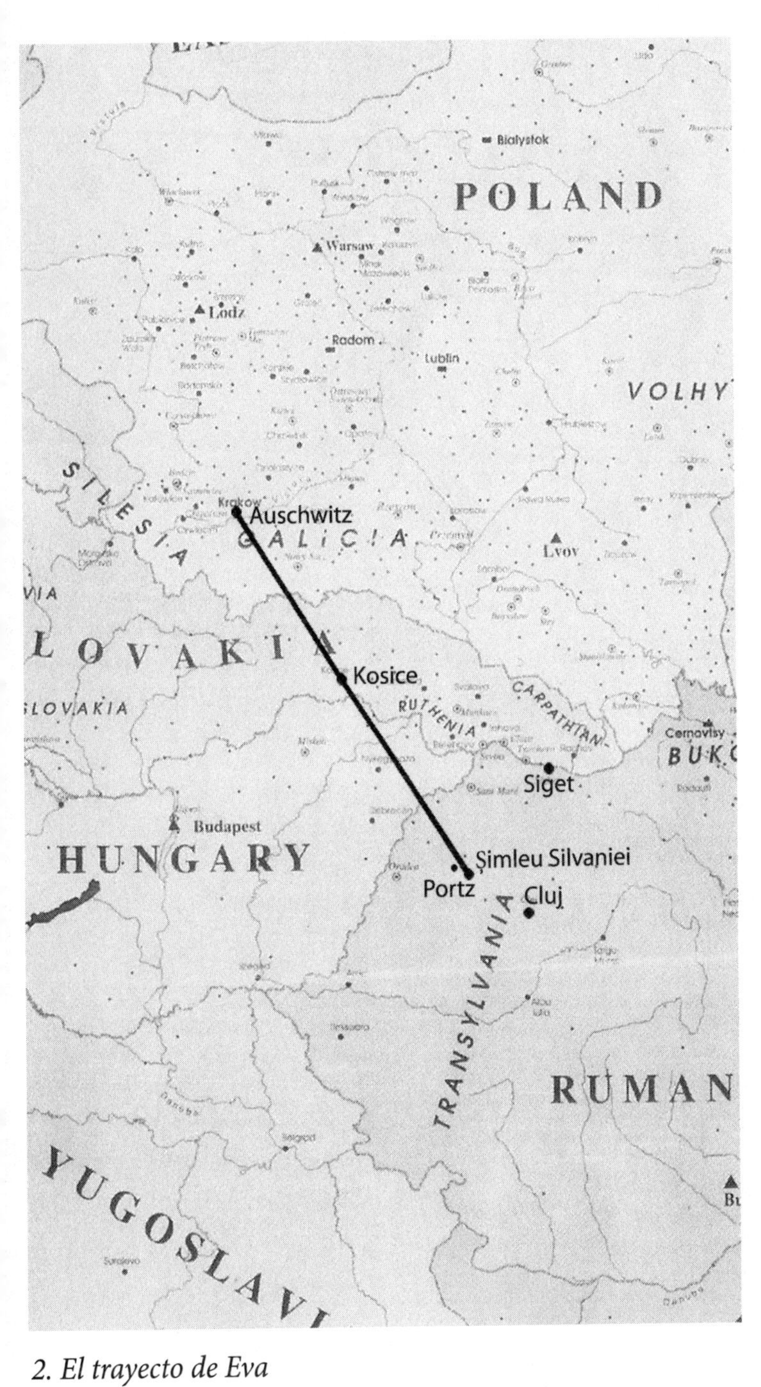

2. El trayecto de Eva

3. Eva y Miriam Mozes, 1935

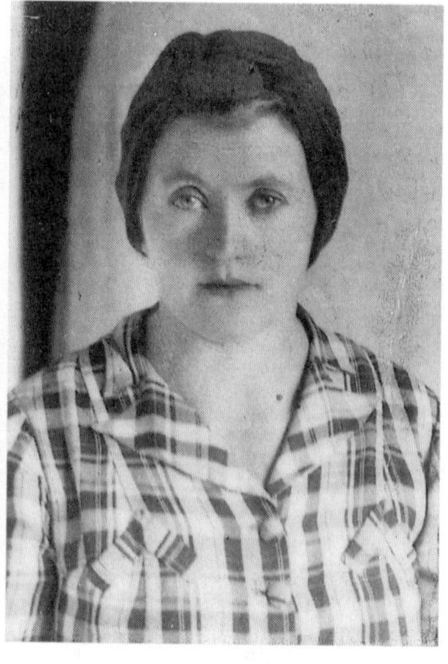

4. Los padres de Eva, Alexander y Jaffa Mozes

5. Fila de arriba: (de izq. a dcha.) Aliz, papá, Edit y nuestra amiga Luci
En el medio: Eva, mamá, Miriam
Abajo: nuestra prima Shmulik

6. De pie: nuestra prima Magda, mi hermana Edit y nuestra prima Aggi. Sobre la hierba: nuestra prima Dvroa y mi hermana Aliz. Todas las niñas en esta foto murieron en los campos.

7. Portz, Transilvania

8. Entrada a Auschwitz. El letrero está en alemán y su traducción es: «El trabajo te hace libre».

9. La plataforma de selección en Auschwitz.

10. Auschwitz

11. Dentro del campo

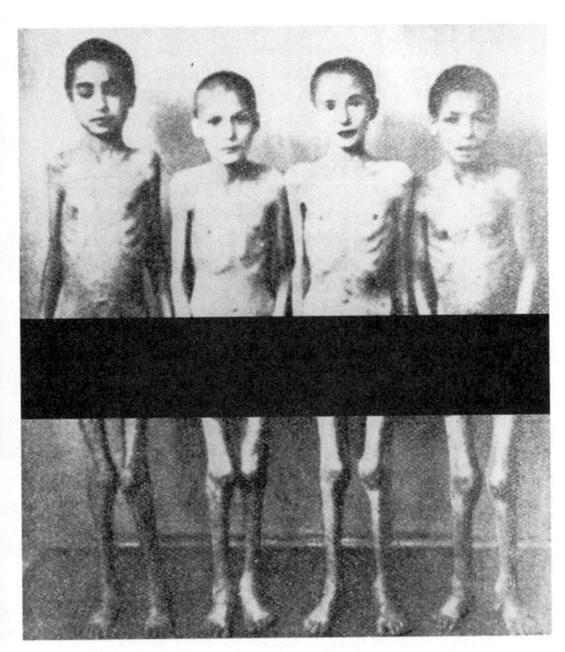

12. Foto de gemelos en el campo.

13. Josef Mengele

Der Lagerarzt des . 10.AUG.1944 Birkenau, 8. August 1944.
KL Auschwitz II.
(Frauenlager)

An das
Hygiene-Institut der Waffen-SS u.Polizei,
Auschwitz.

Anbei wird Blutmaterial zur Untersuchung auf
Rest N, Na Cl., Takata-Ara, Vitamin C eingesandt:

1.H.Nr.A 5131 Malek Judith
2. " 80912 Kohnstein Emilie.
3. " A 7736 Malek Salomon.
4. " A 5771 Molnar Maria
5. " A 6035 Moskowicz Helena
6. " A 3626 Weiss Olga
7. " A 7063 Mozes Eva
8. " A 7259 Neuschloss Judith
9. " 80913 Kohnstein Gisela.

Der Lagerarztdes
KL Auschwitz-II.
SS-Untersturmführer

14. Documento original que indica que la sangre de Eva fue analizada para determinar el contenido de nitrógeno en urea, cloruro sódico, Takata-Ara y vitamina C. También hay otros documentos que indican pruebas de sífilis y fiebre escarlata.

To Whom It May Concern:

I, Werner L. Loewenstein, M.D., a physician educated in Germany, resident of Terre Haute, IN, located in Vigo County, have translated a document from The Camp Physician of The Concentration Camp Auschwitz II.

The Camp Physician
Concentration Camp Auschwitz II
(Women Camp)

Birkenau, August 8, 1944

To The Hygienic Institute of The Army SS and Police,

A u s c h w i t z

Enclosed are blood samples for examination of Urea Nitrogen, Sodium Chloride, Takata-Ara, and Vitamin C.

A list of nine names follows-see attached document.

Signed by The Camp Physician
Concentration Camp Auschwitz II
Mengele (looks like Mengele's signature)
SS Sub Storm Leader

I certify that I have translated the above from the attached document, and that this is an accurate and true representation of what is contained therein.

Werner L. Loewenstein
Werner L. Loewenstein

State of Indiana
County of Vigo

Before me, the undersigned, a Notary Public in and for said County and State, this 18th day of April 1985 Werner L. Loewenstein personally appeared and acknowledged the execution of the above translation.

Witness my hand and Notarial Seal

Margaret Louise Hassell
Resident of Vigo County

My Commission Expires
July 13, 1988

15. Traducción al inglés del documento de la página 64.

a explotar. Temblaba de frío. El sol me calentó un poco y traté desesperadamente de no temblar para que las *pflegerin*, o enfermeras, no se dieran cuenta de que estaba enferma. No quería que me llevaran a la enfermería. En dos ocasiones diferentes, unas gemelas de la barraca se enfermaron y nunca regresaron de la enfermería. Se llevaron a sus hermanas y tampoco regresaron. Asumimos que como las gemelas se habían enfermado, decidieron matar a sus hermanas también. No podía permitir que esto nos ocurriera a Miriam y a mí. ¿Por qué tendría que morir ella si yo moría?

Un día, antes de que pasaran lista, las sirenas antiaéreas sonaron insistentemente anunciando un bombardeo. Con deleite observé cómo los guardias de las SS corrían a refugiarse mientras un avión con la bandera de Estados Unidos pintada en un ala sobrevolaba el campo de concentración. Pensé para mí misma: «¡Mira a estos nazis, los matones del mundo, corriendo como ratones asustados!». Reconocí la bandera porque nuestra tía, la hermana de papá, vivía en Cleveland, Ohio, y antes de que comenzara la guerra, nos enviaba cartas con estampillas con la bandera de Estados Unidos. Ahora el avión volaba a baja altura dejando un círculo de humo amarillo sobre el campo. Incluso entonces sabíamsos que los aviones no dejarían caer bombas dentro del círculo. Llegaron más aviones y en la distancia oímos los bombardeos. Los aviones nos infundían esperanza, significaba que la ayuda estaba al llegar. Un día no muy lejano nos liberarían, y podríamos volver a casa, si tan solo pudiéramos sobrevivir hasta entonces. Los niños aplaudimos;

eran nuestros pocos momentos de alegría.

Pero en la siguiente visita al laboratorio los doctores no se molestaron en examinarme. Llamaron mi número y me tomaron la temperatura. Supe entonces que tenía problemas. Enseguida dos enfermeras me pusieron en una especie de auto, algo así como un Jeep, y me sacaron de allí. Ni siquiera pude ver a Miriam antes de que me llevaran. Era la primera vez desde que habíamos llegado al campo que nos separábamos. El permanecer juntas, apoyándonos y cuidándonos mutuamente, había contribuido a que no nos sintiéramos solas.

Las enfermeras me llevaron a la enfermería: el edificio #21, una barraca sucia, próxima a las cámaras de gas y a las llameantes chimeneas. Un olor putrefacto llenaba el aire. Literas de tres niveles de altura sostenían cuerpos casi sin vida. Hilera tras hilera, formaban una ola de seres humanos que agonizaban lentamente. Todos eran adultos. Mientras yo pasaba a su lado extendían sus huesudos dedos, implorando:

—¡Por favor!

—¡Agua! ¡Agua!

—¡Algo de comer! ¡Por favor! ¡Cualquier cosa!

—¡Ayúdame!

Todos sollozaban, incapaces de moverse. Parecía como si hubiera más manos extendidas que gente. Recordé haber leído en la Biblia sobre el Valle de la Muerte; la enfermería era como aquel valle. Era el peor lugar que yo jamás había visto.

Me pusieron en un cuarto con otras dos niñas mayores, Vera y Tamara. Cada una era la hermana de otra gemela.

Tenían varicela, pero no estaban muy enfermas. El cuarto era pequeño, pero solo lo compartíamos nosotras tres; otro privilegio de las gemelas.

Esa noche, tal como llegó la hora de la cena, se fue. No recibimos ninguna ración de comida.

—¿Por qué no nos dan de comer? —pregunté—. Por lo menos deben darnos pan.

—Nadie aquí recibe nada de comer; aquí traen a los que van a morir o a los que llevan a la cámara de gas —dijo Vera.

—No quieren desperdiciar comida en los moribundos —dijo Tamara.

«No quiero morir», me dije a mí misma.

No voy a morir.

Esa noche me sentí tan mal que no tuve hambre. Era imposible dormir sin Miriam acurrucada a mi lado. En la oscuridad escuché a personas quejarse y gritar de dolor. Nunca había oído tantas voces gemir, clamar, gritar.

Al día siguiente llegó un camión. Los más enfermos fueron arrojados en la parte de atrás para ser transportados directamente a la cámara de gas. Gritaban y luchaban mientras que eran lanzados sobre cadáveres.

«¿Terminaré en la cámara de gas?», me pregunté. La cámara de gas siempre había estado ahí, al lado del crematorio, echando al aire ese olor fétido de cabello humano, huesos y carne quemados. Terminar en ella era una posibilidad para cualquiera de los que estábamos en el campo, pero más aún para los de la enfermería. Dos veces por semana llegaban esos camiones. Años más tarde supe que antes de que los cuerpos fueran incinerados, un grupo de trabajadores extraían los dientes de oro que encontraban, y les quitaban las joyas. Los nazis recogían alrededor de setenta y seis libras de oro de los cuerpos todos los días. Alguien se estaba haciendo rico.

A la mañana siguiente de haber llegado a la enfermería, Mengele y un grupo de cuatro doctores vinieron a verme. Hablaron de mi caso como si pasaran visita en un hospital regular. Aunque hablaban en alemán, entendí casi todo lo que dijeron. El Dr. Mengele se echó a reír y dijo:

—Qué lástima, tan joven y apenas le quedan dos semanas para vivir.

«¿Cómo podía estar tan seguro?», me pregunté. No me habían hecho ninguna otra prueba desde que me pusieron esa inyección venenosa. Tiempo después supe que Mengele sabía qué clase de enfermedad me habían infectado y cómo progresaría. Pudo haber sido beriberi o fiebre macular. En todos estos años, nunca he podido saberlo con seguridad.

Mientras permanecía acostada y escuchaba a Mengele y a los otros doctores, hice como que no entendía lo que decían. Me dije a mí misma: «No estoy muerta. Rehuso morirme. Voy a ser más lista que todos esos doctores, demostrar que Mengele está equivocado y salir de este infierno con vida». Por encima de todo, tenía que volver al lado de Miriam.

Durante los primeros días tuve una fiebre muy alta; nadie me dio comida, medicamento o agua. Solamente me tomaban la temperatura. Me moría de sed, desesperada por tomar agua; tenía la boca tan seca que pensé que no lograría respirar mucho más tiempo.

Había un grifo a un costado de las barracas. Recuerdo haberme deslizado de la cama, abrir la puerta y gatear hasta llegar al grifo. El cemento duro me raspó la piel y me produjo escalofrío en el vientre. Extendí las manos y avancé lentamente por ese suelo lleno de porquería y fango. A veces, me desmayaba, pero volvía en mí y continuaba pulgada a pulgada.

«Me voy a poner bien», me repetía una y otra vez.

Tengo que vivir. Tengo que sobrevivir.

La necesidad de beber agua me dominó. Lo más extraño es que no recuerdo haber tomado agua. Pero seguro que la tomé porque de otra forma no hubiese sobrevivido. Ni siquiera recuerdo cómo llegué hasta mi litera en el cuarto que compartía con las otras dos niñas. Pero cada noche, durante dos semanas, logré arrastrarme y llegar al grifo para beber agua.

Miriam se enteró de que no me daban de comer en la enfermería. La Sra. Csengeri, nuestra antigua amiga, se lo dijo. Ella servía de mensajera entre una barraca y la otra cuando iba a visitar a sus hijas. Miriam comenzó a ahorrar su ración de pan para dármela a mí, y se lo daba a la Sra. Csengeri para que me lo entregara. ¡Imaginen la fuerza de voluntad de mi hermana, una niña de diez años, que decidió no comer durante toda una semana! Ese trozo de pan diario me ayudó a salvar la vida y aumentó mi determinación de volver a reunirme con ella.

Después de dos semanas, ¡me bajó la fiebre! Empecé a recobrar la fuerza. Una noche me desperté y vi la silueta de la supervisora de la barraca: oscura, delgada. De vez en cuando entraba al cuarto de noche y nos daba de comer.

—Aquí tienes un trozo de pan —dijo quedamente, dejándolo sobre mi cama—. Me castigarían si alguien se enterase.

En una ocasión, nos dio a Vera, a Tamara y a mí un trozo de su pastel de cumpleaños. ¡Qué lujo! Estaba delicioso. Lo devoramos y nos chupamos los dedos y el papel en el que venía envuelto. Aun en Auschwitz se podía encontrar algunos humanos.

Sin embargo, cuando pienso en esos días, no entiendo por qué no me dio a beber agua cuando estuve tan enferma las dos primeras semanas. Solo puedo imaginarme que quizá reservaba esos actos de humanidad para ayudar a los que tenían posibilidad de salvarse.

Según fui recuperando mis fuerzas, quería irme de la enfermería lo más pronto posible, pero todavía tenía un poco de fiebre. El Dr. Mengele venía con su equipo dos veces al día para revisar la tabla con el registro de la fiebre. Tenía que convencerlos de que la fiebre había cedido para que me enviaran otra vez a la barraca junto a mi hermana. Así que se me ocurrió una idea.

Vera y Tamara me enseñaron cómo leer el termómetro. Cuando la enfermera, una prisionera, venía a colocarme el termómetro debajo del brazo, me decía que me lo dejara puesto hasta que regresara. Cuando se iba del cuarto me lo quitaba, lo leía y lo sacudía un poco para bajar la temperatura. Luego lo metía otra vez bajo la axila, pero lo empujaba hasta el final para que la punta quedara fuera y no registrara ningún cambio. La enfermera regresaba, leía la temperatura y la anotaba. Tenía que hacer esto con cuidado porque no quería que Mengele sospechara nada de mi recuperación. ¡El plan funcionó! Tres semanas más tarde me dieron el alta.

Llena de alegría regresé al lado de mi hermana. Ahora que estábamos juntas otra vez sabía que me recuperaría. Pero me asustó la apariencia de Miriam. Tenía una expresión muerta en los ojos; se sentaba sin hablar, mirando al espacio. Se veía débil y sin vida.

—¿Qué te pasa? —le pregunté—. ¿Te hicieron algo?

—Nada —dijo Miriam—. Déjame tranquila, Eva. No quiero hablar de ello.

Sabía que nuestra separación la había afectado mucho. Ella había pensado que yo no regresaría. Pensar que se quedaría sola la hizo perder toda la esperanza. En el lenguaje del campo se había convertido en un *musselman*, un zombi, alguien sin el espíritu para luchar por su vida.

Durante las dos primeras semanas que estuve ausente no fue al laboratorio. Estuvo completamente aislada, vigilada por guardias de las SS todo el tiempo. En un principio, Miriam no sabía lo que ocurría, pero presentía que algo pasaba. Cuando no morí como había pronosticado Mengele, Miriam fue llevada al laboratorio donde la inyectaron muchas cosas que hicieron que se sintiera muy enferma. Las inyecciones detendrían el desarrollo de los riñones, y quedarían del tamaño de los de una niña de diez años. Nunca llegué a descubrir el propósito de ese experimento.

Pero sí supe que Mengele había planeado que yo

muriera a consecuencia de la enfermedad que me habían inoculado. El Dr. Miklos Nyiszli, un prisionero judío que era patólogo, escribió y publicó el relato de un testigo presencial de cómo Mengele con frecuencia ordenaba a patólogos a llevar a cabo autopsias en gemelos que habían muerto a pocas horas uno de otro; una única oportunidad de comparar los efectos de una enfermedad en un cuerpo sano y en otro enfermo, que eran idénticos en muchos otros aspectos. Si yo me hubiese muerto en la enfermería, Miriam hubiera sido trasladada al laboratorio inmediatamente y le hubiesen puesto una inyección de cloroformo en el corazón. Una autopsia simultánea hubiese comprado mis órganos enfermos con los sanos de ella. Si los órganos encerraban algún interés científico, Mengele los examinaba él mismo y los enviaba al Instituto de Antropología en Berlin-Dahlem, en un paquete marcado: «Material de Guerra/Urgente».

Sin embargo, yo, una niña de diez años, había triunfado sobre Mengele al haber sobrevivido a su experimento. Ahora me tocaba ayudar a mi hermana a recuperarse. No podía perderla. Así de sencillo. Cómo lograrlo era otro asunto.

Capítulo Siete

En Auschwitz-Birkenau nunca sabíamos lo que el mañana nos depararía. Cada día era un nuevo reto para poder sobrevivir. Miriam estaba muy enferma, con algo más que la constante diarrea que padecía. Aunque todos padecíamos de disentería, Miriam había perdido la voluntad de vivir. Tenía que buscar la forma de que su salud mejorara. En parte, estaba tan enferma debido a las inyecciones que le pusieron durante mi ausencia.

En el campo se rumoraba que las papas no solo daban fuerza sino que servían para curar la disentería. En Auschwitz la gente «organizaba» cualquier cosa que fuese necesaria para sobrevivir a los nazis. Los presos veían el «organizarse» como una acción victoriosa.

El problema era que yo nunca había robado nada en mi vida, excepto en una ocasión: una taza.

Una vez, cuando íbamos camino de las duchas, en filas de cinco, pasamos frente a una pila de ollas y sartenes. Me salí de la fila y, de un salto, agarré una taza, la escondí en la parte de arriba de mi vestido y continué caminando como si nada hubiese ocurrido. Si el guardia de las SS que nos acompañaba me vio, no dijo nada.

Corrían rumores de que cualquiera que fuese atrapado robando sería ahorcado, igual que los que trataban de escaparse. Los nazis nos habían obligado a ver estas ejecuciones, indicándonos que observáramos atentamente, ya que lo mismo nos ocurriría si robábamos o tratábamos de escapar. Recuerdo haber pensado para mis adentros: «La vida es tan maravillosa aquí, ¿por qué pensaríamos en escaparnos de este lugar?». Decidí buscar alguna manera de robar algunas papas para poder ayudar a Miriam. No sabía qué me pasaría si me pillaban, pero presentía que me costaría la vida. La horca, esa estructura de madera que utilizaban para ejecutar a la gente, se alzaba en frente del Bloque 11. Incluso si eso era lo que me esperaba si me agarraban valía la pena correr el riesgo con tal de salvar a Miriam. No podía dejar que Miriam muriera.

Algunas gemelas de nuestra barraca cocinaban papas durante la noche, así que les pregunté dónde podría conseguir algunas. Me explicaron que el único lugar era en la cocina, así que me presté de voluntaria para llevar y repartir comida en las barracas. Yo y otra niña tendríamos que transportar un contenedor del tamaño de un cubo de basura de treinta galones desde la cocina, localizada a un extremo del campo, hasta las barracas. Caminar hasta la cocina tomaba unos veinte minutos; llevar el contenedor lleno de sopa tomaba el doble de tiempo. La primera vez que me presenté para el trabajo no me escogieron, pero al día siguiente sí me eligieron, junto con otra niña, para llevar la sopa a las barracas: un líquido aguado que de vez en cuando tenía trocitos de papa.

Tan pronto entré a la cocina, vi una mesa de metal larga llena de ollas y sartenes. Debajo había dos sacos de papas. Dudé por un momento. Si me agarraban, podría morir, pero si no lo intentaba, Miriam moriría.

Me agaché para ver si alguien me miraba. Con el corazón latiéndome tan fuerte que retumbaba en los canales de los oídos, metí la mano en el saco y agarré dos papas. En ese momento sentí que alguien me halaba por los pelos. Era una trabajadora de la cocina, una prisionera gorda que llevaba un pañuelo de rayas atado a la cabeza.

—¡No puedes hacer eso! —me gritó en la cara.

—¿Hacer qué, señora? —dije con una expresión inocente en la cara.

—No se debe robar. Pónlas en su lugar.

Eché las papas en el saco. Esperaba ser arrastrada hasta la horca, pero no fue así. Casi me echo a reír del alivio al darme cuenta de que mi único castigo era ese regaño. Entonces comprendí que ser una de las gemelas de Mengele significaba que nadie nos haría daño mientras que él quisiera que viviéramos. Nos necesitaba para continuar con sus experimentos.

Pero todavía me preocupaba que la trabajadora reportara mi crimen a la *blocova,* la supervisora de la barraca, y que no me permitieran seguir transportando la comida. Sin embargo, al día siguiente me presenté, y una vez más me escogieron.

Esta vez resultó más fácil «organizar» las papas sin que me descubrieran. No estaba nerviosa porque ahora sabía que lo peor que me podría pasar sería una regañina.

Una vez que me acerqué a los sacos, agarré tres papas y las guardé en mi vestido. Esta vez, nadie me vio. ¡Éxito! El haber podido conseguir esas papas constituyó el tesoro más grande que jamás había tenido. Estaba ansiosa de que llegara la noche.

Cualquier actividad secreta tenía que llevarse a cabo durante la noche, una vez que la *blocova* y su ayudante se hubiesen retirado a sus respectivas habitaciones al frente de la barraca. Una de las gemelas había traído unos trozos de carbón que había «organizado» durante el día. Había un horno al final del banco de ladrillos que corría en medio de la barraca e hicimos un fuego. Alguien montó vigilancia delante de la puerta cerrada de la *blocova* por si se despertaba. Otras niñas hicieron guardia a la entrada de las barracas para avisarnos si alguien se acercaba. En la oscuridad nos turnamos para cocinar.

Usé mi propia olla y herví las papas con cáscaras, manchas, suciedad ¡y de todo! Miriam y yo tuvimos esa noche un festín. Comimos las papas sin sal ni mantequilla, pero nos supieron a gloria. Nos hicieron entrar en calor y nos levantaron el ánimo. Yo le hubiera dado a Miriam toda la ración, pero tenía hambre y necesitaba fuerzas para cuidar de las dos.

Todos los días siguientes me ofrecí de voluntaria para llevar el contenedor de sopa, pero solo me escogían una o dos veces por semana. Pero con cada turno me hacía más experta en «organizar». Siempre cogía más papas de las que necesitábamos y así podíamos comerlas tres veces por semana.

A veces, la señora Csengeri entraba a hurtadillas por la noche y cocinaba papas que ella había conseguido para sus hijas. En cuanto una persona terminaba de cocinar, otra ocupaba su lugar frente al horno. Formamos una pequeña brigada, y siempre teníamos un equipo que montaba vigilancia para que no nos descubrieran.

Todo el mundo conocía el sistema y las reglas. A pesar de que éramos puro piel y hueso, el hambre nos recordaba que continuábamos con vida; nunca tratamos de quitarnos la comida unos a otros.

Las papas que le conseguí a Miriam fueron como un medicamento. Su salud mejoró, recobró la fuerza y el deseo de vivir. Puedo decir, sin herir sus sentimientos, que hubiese muerto si no hubiese sido por mí. Pero también debo decir que haberla cuidado me hizo más fuerte y más determinada. Como gemelas estábamos siempre juntas. Como hermanas dependíamos una de la otra. Como familia éramos inseparables.

En Auschwitz morir era fácil. Lo difícil era sobrevivir.

Capítulo Ocho

A medida que el verano de 1944 daba paso al otoño, la situación empezó a cambiar. Más y más aviones sobrevolaban el campo y bombardeaban los cuarteles y las fábricas de los nazis.

A veces había dos o tres ataques aéreos diarios. Aunque no teníamos radio o noticias, entendíamos que los buenos venían a liberarnos. Teníamos que mantenernos con vida hasta que llegaran. La vida de Miriam era mi misión y mi responsabilidad. Pero las condiciones en el campo no mejoraban; al contrario, en muchos aspectos empeoraron.

La noche del 7 de octubre nos despertó el ruido de una gran explosión. Las sirenas comenzaron a sonar y los perros a ladrar. ¿Qué estaba ocurriendo? Más tarde supimos que los judíos de *Sonderkomnando* (prisioneros que eran obligados a quemar los cuerpos de otros prisioneros) se habían sublevado y habían volado el Crematorio IV en Birkenau. Habían utilizado explosivos que unas niñas judías, que trabajaban en una fábrica de explosivos, habían sacado a escondidas. Los prisioneros habían decidido que era mejor morir luchando que perecer en las cámaras de gas. Querían vengarse por las muertes de familiares y amigos.

Comenzaron a circular rumores de que según se fueran acercando las Fuerzas Aliadas, los ejércitos de Estados Unidos, Inglaterra y la Unión Soviética, los guardias de las SS matarían a todos en el campo. Pero aun así, el Dr. Mengele continuó con sus experimentos, con la esperanza de lograr un importante descubrimiento científico.

En ese momento no teníamos conocimiento de que la Jefatura Principal Nazi había dado órdenes a Mengele para que «liquidara» el campo gitano, que tenía más de dos mil prisioneros, la mayoría mujeres y niños. Aunque Mengele había tratado de mantener a los gitanos vivos para sus investigaciones, acató las órdenes. Fueron conducidos a las cámaras de gas y posteriormente incinerados.

Miriam y yo y todas las otras gemelas de la barraca fuimos llevadas al campo de los gitanos, ahora completamente vacío. Los presos habían dejado mantas y coloridos dibujos en las paredes. No sabíamos por qué nos habían transferido allí pero estaba más cercano a la cámara de gas y al crematorio, y se rumoraba que seríamos las próximas.

El primer día estuvimos paradas afuera, bajo un intenso frío y sobre un suelo cubierto de nieve, mientras pasaban lista entre las cinco de la mañana y las cuatro de la tarde. Demoró mucho tiempo porque faltaba un prisionero. El olor que salía de los crematorios se mezclaba en el aire denso con el frío y la neblina. Mis pies y los de Miriam se nos congelaron. Nunca supimos dónde se había escapado el prisionero.

Durante las semanas siguientes permanecimos en el campo gitano, viviendo a la sombra del crematorio con el miedo constante de que nos iban a matar. Nunca supimos por qué eso no ocurrió. A lo mejor fuimos salvadas por las órdenes de Berlín de dejar de matar a los judíos en las cámaras de gas. Posiblemente sabían que estaban perdiendo la guerra y querían encubrir cualquier evidencia de sus atrocidades.

Entonces, a principios de enero de 1945, las SS dieron órdenes para que la gente saliera de las barracas y se pusiera en marcha: «¡*Raus!* ¡*Raus!* ¡Fuera! ¡Fuera!», gritaban. «¡Todos afuera! Los estamos sacando de aquí para su propia protección». Nos enteramos de que querían llevar a los prisioneros hacia el interior de Alemania.

—No voy a irme de la barraca —le dije a Miriam—. No voy a marchar a ninguna parte. Pensé que si los nazis no se habían portado bien con nosotras cuando estaban ganando la guerra, mucho menos ahora que la estaban perdiendo. Así que nos quedamos.

Para mi sorpresa, nadie vino a buscarnos. Los nazis estaban tan apurados por sacar a todo el mundo del campo que no se preocuparon por revisar las barracas. Algunas de las otras gemelas se quedaron con nosotras, incluidas la señora Csengeri y sus hijas. En ese momento no sabía que muchas otras personas también habían decido quedarse.

A la mañana siguiente, nos despertamos y nos dimos cuenta de que se nos había pasado la hora de pasar lista, pero entonces descubrimos que los nazis se habían ido…

o por lo menos eso parecía. No vimos a ningún guardia, ningún miembro de las SS, ni tampoco al Dr. Mengele.

¡Qué alegría! ¡Los nazis se habían marchado! Ahora estábamos solas. Me dediqué a buscar comida, agua y mantas para mantenernos vivas.

Uno de los prisioneros había hecho una abertura en la cerca de alambre y ahora podíamos ir de un campo al otro. Dos niñas y yo fuimos en busca de cosas. Necesitaba zapatos desesperadamente. Todavía calzaba los que había traído de casa cuando llegué a Auschwitz. Las suelas estaban sueltas y las había atado con un cordel, pero aun así era difícil caminar. Los zapatos de Miriam estaban en mejores condiciones porque ella casi siempre se quedaba en las barracas para proteger nuestras pocas pertenencias cada vez que yo salía en busca de comida.

Las niñas y yo fuimos al lugar donde los nazis guardaban ropa, zapatos y mantas que les habían quitado a los prisioneros. Era un edificio inmenso que los nazis llamaban «Canadá», quizá porque ellos pensaban en ese país como un lugar de abundancia. Pilas de cosas se amontonaban hasta el techo. Busqué entre muchos zapatos, pero no pude encontrar un par que me sirviera, hasta que por fin escogí unos que eran dos veces mi talla. Llené las punteras con trapos de tela y los até con cordel. Por lo menos ahora mis pies estaban abrigados. Cogí varias mantas y abrigos y los llevé a la barraca.

Una tarde fui a la cocina para buscar comida. Unos niños y algunos adultos que se habían quedado en el campo recogían pan.

Llevaba cuatro o cinco barras de pan bajo el brazo cuando oí el sonido extraño de un auto. «Los nazis se habían ido —pensé—, ¿quién, entonces, podría venir en ese auto?». Corrímos todos afuera para ver. Era un Jeep; cuatro nazis bajaron del auto con ametralladoras y comenzaron a disparar en todas las direcciones.

Recuerdo ver que el cañón del arma me apuntaba a la cabeza a tres o cuatro pies de distancia, y luego me desmayé. Cuando recobré el conocimiento, ¡pensé que estaba muerta! Vi cuerpos tendidos a mi alrededor.

«Bueno, todos estamos muertos», pensé. Pero entonces moví los brazos y las piernas. Toqué a la persona que estaba a mi lado, pero no se movía. Estaba fría. ¡Estaba muerta, pero yo estaba viva!

Me puse de pie, agradecida de estar viva. Debió de haber sido un ángel de la guarda que hizo que me desmayara antes de que las balas dieran en el blanco, porque yo no había reaccionado a tiempo para ponerme a salvo.

Corrí en dirección a las barracas:

—¿Miriam? —grité entrando de golpe.

—¿Qué pasó? —preguntó con el miedo reflejado en los ojos.

—¡Los nazis han vuelto! —le dije—. ¿Me pregunto por qué han regresado? ¡Por poco me matan! —Le conté lo que había pasado y el miedo que sentí—. No tenemos pan. Era tanto el miedo que lo único que pensé fue en salir corriendo para salvar mi vida.

—¡Oh, Eva! —dijo ella—, ¿y si te hubiesen matado?

A partir de ese instante no volvimos a hablar de «y si». Solo nos abrazamos una y otra y otra vez.

Esa misma noche un humo y un intenso calor nos despertaron. Las llamas salían disparadas del techo. Sentíamos el calor de las llamas a través de las paredes de las barracas. ¡Las barracas estaban en llamas! Cogimos nuestras cosas y salimos. Los nazis habían regresado y ahora trataban de destruir la evidencia de sus crímenes.

Las llamas enrojecían el cielo incluso a lo lejos. Los guardias de las SS habían volado el crematorio y el edificio que llamaban Canadá. Camisas y vestidos de Canadá volaban por el aire entre chispas y cenizas. Los Aliados atacaban, y las bombas iluminaban el cielo nocturno. Parecía que el mundo entero ardía.

Miles de personas salieron corriendo de las de barracas. Los guardias que yo había visto en la cocina nos pusieron en fila para marchar.

—¡O marchan rápidamente o les dispararemos! —gritó uno disparando un tiro al aire como advertencia.

—Miriam, quédate junto a mí —le susurré.

No sabíamos adónde nos llevaban. Me agarré de su mano con fuerza. Nos abrimos camino hasta llegar en medio del grupo. Era más seguro que estar en frente o detrás, donde podríamos llamar la atención. Si empezaban a disparar, estaríamos rodeadas de gente.

La multitud nos empujaba hacia delante. Entre tanto gentío y empujones era difícil mantenerse en el medio. Los guardias disparaban indiscriminadamente y los cuerpos caían al suelo a nuestro alrededor, lo que hacía que el pánico aumentara. Todos los niños y los adultos que no se habían llevado en la redada anterior ahora eran parte de esta forzada marcha. Más tarde nos enteramos de que ocho mil doscientas personas, nosotras incluidas, marchamos desde Birkenau esa noche. En una hora, mil doscientas personas fueron asesinadas en el camino. Solo siete mil personas llegaron con vida.

Empujados por esa ola de gente, por fin llegamos a Auschwitz. Era todavía de noche, pero los edificios de ladrillos resplandecían por los reflectores. La gente comenzó a empujar para entrar al edificio de dos plantas. Miriam y yo también corrimos para resguardarnos en las barracas.

Las SS inexplicablemente desaparecieron.

Y en algún momento durante esa gran confusión, no recuerdo cómo sucedió, pero me separé de mi hermana.

—¿Miriam? —grité—. ¡Miriam! ¡Miriam! ¿Dónde estás?

Fui de un lado a otro, pero no la encontré. ¡No estaba en ninguna parte!

Me entró un ataque de pánico; el corazón se me quería salir del pecho. Apenas podía respirar y la cara me ardía a pesar del frío. Mis ojos, que iban de un lado a otro, comenzaron a llenarse de lágrimas.

¿Y si había terminado en otra barraca por error?

¿Y si se la llevaban a otra parte?

¿Y si estaba herida?

¿Y si se moría? ¿Quién me avisaría?

¡¿Y si nunca más la veía?!

Abandoné el edificio y mitad caminando, mitad corriendo iba de barraca en barraca gritando su nombre:

—¡Miriam! ¡MIRIAM! ¡MI-RIAM!

Les preguntaba a todos los que encontraba si habían visto a una niña que se parecía a mí.

—Se llama Miriam —les decía—. Miriam Mozes. Por favor, por favor. ¿No han visto a una niña llamada Miriam?

Algunas personas amables, viendo mi desesperación, se apiadaron de mí y me ayudaron a buscarla; la llamaban por su nombre: «¡Miriam Mozes! ¡Miriam Mozes!». Pero no importaba por donde iba, por donde la buscaba o cuán alto gritaba su nombre: no la encontraba.

Después de un tiempo, al ver que no contestaba, la gente dejó de ayudarme.

—Continúa buscándola —me animaban con la piedad reflejada en sus ojos y el cansancio en sus cuerpos—: tiene que estar aquí, en alguna parte.

—¡Miriam! ¡Miriam! —No dejaba pasar treinta segundos sin llamarla.

Aunque algunas personas se compadecieron de mí y me ayudaron, a otras no les importó ni se molestaron. La gente había sufrido tanto que no les quedaba ni siquiera una pizca de compasión para nadie.

—¿Conque buscas a tu hermana, eh? Pues a mí ya no me queda nadie.

Quería gritarles que Miriam era más que una hermana. Era mi otro yo. ¡La supervivencia de una dependía de la supervivencia de la otra! No podía detenerme a pensar en esas pobres almas. ¡Tenía que encontrar a Miriam!

—¡Miriam! ¡Miriam —gritaba. Mi voz cada vez más ronca y débil. Tenía hambre y estaba cansada, pero no dejé que el cansancio me derrotara. Aterrada iba de un edificio a otro, incapaz de abandonar la búsqueda. Por dondequiera que miraba me topaba con los rostros de personas demacradas, sus esqueléticos cuerpos, sus raídos uniformes de prisioneros. Me parecían todos iguales porque ninguno era Miriam. ¿Qué pudo haberle sucedido? ¡En un instante, tratando de ponernos a salvo, nos habíamos separado! ¿Cómo había sido posible? Seguí buscándola.

Arrastraba los pies y me impulsaba con los brazos. No pensaba en el hambre ni en el dolor de estómago, ni en la resequedad que sentía en la boca. Nada de eso importaba. Solo Miriam.

—¡Miriam! ¡Miriam Mozes!

Horas, minutos y segundos continuaban apilándose y aumentando mi pánico. Había estado buscando a Miriam durante veinticuatro horas. Era imposible que hubiese desaparecido. Rehusaba aceptar esa posibilidad. Pero ¿dónde estaba?

Daba tumbos por todas partes en un estado de estupor debido a la desesperación y al agotamiento. Una vez más abrí otra puerta y grité:

—¡Miriam! ¡Miriam Mozes! ¡Mi…

En ese momento, choqué con alguien más o menos de mi altura. Iba a pedirle disculpas cuando caí en cuenta de que era ella.

—¡Miriam! ¡MIRIAM! —Nos abrazamos una a la otra—. ¿Dónde estabas? Te he estado buscando por todas partes. ¿Qué pasó?

—Yo también te he estado buscando —dijo ella—. ¿Dónde estabas?

Nos abrazamos, nos besamos; unidas nos dejamos caer al suelo, llorando y totalmente agotadas.

—Eva, ¿dónde estabas? —me preguntó entre sollozos—. Cometimos un error muy grande al apurarnos tanto; pensé que nunca más volvería a verte.

—Yo ni siquiera pensé en eso. ¡Tenía que encontrarte! —Entonces le admití la verdad—: ¡Estaba desesperada!

Me arrojé en sus brazos, tan dichosa como si fuera la festividad de Janucá. ¡Era un milagro!

Me embriagó un sentimiento de alivio y ternura como no lo había experimentado en toda mi vida. La aparté un poco para ver su escuálido rostro y la abracé nuevamente, muy fuertemente. Esas veinticuatro horas que pasé buscándola me habían parecido una eternidad. Cuanto más la abrazaba, más estaba segura de que nunca más nos separaríamos.

—Estoy feliz de haberte encontrado —le dije con más emoción de la que era capaz de expresar en ese momento.

Miriam extendió su mano y dijo:

—¡Mira! —y me ofreció un trozo de chocolate—. Alguien me lo regaló cuando te buscaba.

Mis ojos se abrieron como platos.

Lo partí a la mitad y ambas saboreamos ese momento de dulzura.

—De ahora en adelante, nunca sueltes mi mano —le dije—. Nunca.

—De acuerdo —dijo ella—. De ahora en adelante, no nos separaremos.

—Esta es nuestra barraca de la suerte —dije yo.

—Descansemos un rato aquí —dijo Miriam deslizándose contra la pared—. Estoy tan cansada…

Con las manos entrelazadas, y sintiendo el consuelo de nuestra proximidad, nuestros cansados ojos se cerraron poco a poco. Pasara lo que pasara, nos teníamos la una a la otra.

Capítulo Nueve

Durante los días que siguieron, Miriam y yo estuvimos por nuestra cuenta, tratando de sobrevivir como hacía todo el mundo. Nos quedamos en nuestra barraca, la de la suerte, con otras gemelas y algunas mujeres. Mi tarea diaria era buscar comida para Miriam y para mí. Como los pies de Miriam estaban congelados debido a esa noche que estuvimos paradas afuera durante tantas horas, ella casi siempre se quedaba en la barraca para proteger nuestras pocas pertenencias, mientras que yo y otras dos niñas íbamos a buscar comida.

Entramos en las bodegas donde los nazis guardaban las provisiones y en los edificios donde vivían los guardias de las SS. Dos veces entramos al cuartel general de los nazis: una casa agradable, bien amueblada. Nunca me hubiese imaginado un lugar así. Una vida de lujo en medio de un campo de exterminio nazi.

Vimos comida servida en la mesa que lucía muy apetecible. Parecía haber sido preparada recientemente ¡y absolutamente deliciosa! De hecho, me pregunté por qué habrían abandonado tal manjar. ¿Acaso, pudiera tener algo malo? Tenía tanta hambre que agarré algo de la mesa, pero antes de llevármelo a la boca me detuve y lo dejé en su sitio. Más adelante, hablando con otra gente del campo, me enteré de que los nazis dejaron comida envenenada a propósito para que los prisioneros la comieran y murieran.

En otra ocasión, encontramos un contenedor llenó de chucrut. Comimos pero como no teníamos agua que beber ni nieve en el suelo para derretir, nos bebimos el jugo del chucrut. En la cocina encontramos pan. Fue todo un festín.

Con el tiempo nos convertimos en expertas saqueadoras de comida. Había conseguido una bufanda y ahora era una imprescindible herramienta. En un sótano encontramos una pila de harina. Abrí la bufanda, que era cuadrada, y la llenamos de harina. De vuelta en las barracas, mezclamos la harina con un líquido e hicimos un pastel en la estufa. Era como el pan sin levadura que los judíos habían comido cuando, según la Biblia, habían tenido que salir precipitadamente de Egipto sin dar tiempo a que la masa creciera. En el campo de concentración era el *matzoh* de Pesaj.

Pero aún la comida era muy escasa. Recuerdo que una vez me quedé viendo a mi hermana y pensé: «Es un esqueleto. ¿Luciré yo así también?». Cada vez que encontrábamos algo lo devorábamos en el momento. No había tal cosa como «sobras». En esos días no sabíamos que comer desenfrenadamente en nuestras condiciones era realmente peligroso. A algunas niñas se les hinchó el estómago y una de mis amigas y compañera de trabajo murió por comer en exceso.

Una mañana, unas gemelas y yo nos dirigimos al río Vístula, no muy lejos del campo. Llevábamos algunas botellas y la idea era romper el hielo y llenarlas con agua fresca del río.

Parada en la otra orilla del río, vi a una niña como de mi edad. Tenía el pelo trenzado y llevaba puesto un vestido y un abrigo. En la espalda cargaba una mochila, lo que me dio a entender que iba camino del colegio.

Me quedé paralizada. No podía creer que existiera otro mundo donde la gente se veía limpia, y las niñas, con el pelo trenzado y con cintas, iban bien vestidas al colegio. Yo también había sido como esa niña, bien vestida para ir a la escuela y con lazos y cintas en el pelo. Hasta ese momento, había pensado que todo el mundo vivía en campos de concentración como nosotros. Pero no era así.

La niña se me quedó mirando fijamente. Me miré de arriba abajo, mi ropa toda harapienta, la cabeza llena de piojos, y con un abrigo y unos zapatos que a la legua se veía que no eran míos. No sé qué pensó ella de mí, pero cuando volví a mirarla, sentí una ola de ira. Me sentí traicionada. ¡Miriam y yo no habíamos hecho nada malo! Éramos unas niñas pequeñas como ella. ¿Por qué entonces nos encontrábamos en tal situación mientras que ella al otro lado del río vivía una vida normal? No lo podía entender. Una injusticia. Pero allí estaba ella, de ese lado. Y yo, de este otro.

Después de lo que pareció mucho tiempo se acomodó la mochila y continuó su camino.

Me quedé observándola mientras se marchaba y luego miré el espacio vacío que había dejado. No lo entendía.

Era incapaz de comprenderlo.

Entonces sentí un ruido en el estómago que me hizo recordar el hambre y la sed. Encontré un palo de madera grueso y lo hinqué con fuerza en el hielo que cubría las aguas heladas del río hasta que abrí un hoyo lo suficientemente grande. Metí la botella en el río girándola levemente, y observé cómo las burbujas de aire escapaban cuando la botella se llenaba con el agua cristalina del río. No podía borrar de la mente la imagen de la niña, ni todas mis preguntas acerca de ese otro mundo.

Cuando llenamos todas las botellas, regresamos al campo. Una vez allí, hicimos un fuego y hervimos el agua para matar los gérmnes. Aunque regresamos al río un par de veces más, nunca más volví a ver a la niña.

No podíamos salir del campo porque se libraban batallas a todo nuestro alrededor. Era peligroso alejarse. Se disparaban tiros indiscriminadamente, y a veces la gente resultaba herida. Estábamos en medio de un campo de batalla. Con el ruido y la confusión afuera, aprendimos a esquivar el *ta-ta-ta-ta-ta* de una ametralladora. Si oíamos un pequeño silbido, corríamos a escondernos porque eso indicaba que una bomba podría caer cerca. Ráfagas de disparos resplandecían desde los puestos de defensa donde se refugiaron los guardias de las SS.

Por esos días, corrían rumores de que pensaban volar el campo entero: las barracas, las cámaras de gas y el crematorio para destruir cualquier evidencia de los crímenes de los nazis. Las SS obligaron a sesenta mil prisioneros a marchar hacia una muerte segura. Miriam y yo y muchas otras gemelas nos quedamos en la barraca de la suerte. Miles de prisioneros, muy viejos o muy enfermos para marchar, también se quedaron.

Más tarde supe por medio de un testigo ocular que la noche del 18 de enero de 1945, el Dr. Mengele visitó por última vez el laboratorio donde tantas veces nos habían medido, inyectado, operado y practicado la flebotomía. Agarró dos cajas, que contenían los récords de aproximadamente tres mil gemelos que había utilizado en sus experimentos en Auschwitz, las metió en un auto que lo esperaba a la salida y se marchó junto con un grupo de soldados nazis que emprendían la huida.

Durante unos nueve días consecutivos oímos disparos y bombardeos. El *bum-bum-bum* de la artillería estremecía las ventanas de las barracas. Se corría la voz entre los adultos de que pronto seríamos liberados. Liberación. Miriam y yo no sabíamos lo qué significaba. Nos refugiamos dentro de las barracas y aguardamos.

En la mañana del 27 de enero cesaron todos los ruidos. Por primera vez en mucho tiempo todo era un silencio absoluto. Confiábamos en que fuera la liberación, pero no teníamos ni idea de cómo sería. Todos en la barraca nos congregamos alrededor de las ventanas.

Nevaba copiosamente. Hasta ese día solo recuerdo que todo a mi alrededor era de color gris: los edificios, las calles, la ropa, la gente, todo era como una gran nube gris que cubría todo el campo.

Ese mismo día, en algún momento de la tarde, serían las tres o las cuatro, una mujer entró corriendo a la barraca, gritando:

—¡Somos libres! ¡Somos libres! ¡Somos libres!

¿Libres? ¿Qué intentaba decirnos?

Todo el mundo corrió a la puerta. Me paré en el último escalón, grandes copos de nieve caían sobre mí. No podía ver más allá de unos pocos pies. La nieve había caído todo el día y el gris sucio de Auschwitz ahora estaba cubierto por un manto de nieve blanca.

—¿Ves algo? —me preguntó una niña mayor.

—No… —dije escudriñando el horizonte a través de una cortina de nieve.

Pero entonces los vi.

A unos veinte pies de distancia vimos unos soldados soviéticos aparecer entre la nieve, con sus uniformes y abrigos cubiertos de nieve. Avanzaban silenciosos sobre el crujiente suelo nevado.

Nos pareció que sonreían cuando se acercaron. ¿Eran sonrisas o muecas? Pero cuando me fijé detenidamente, me di cuenta de que sonreían. Una alegría inmensa nos embriagó. ¡Estábamos a salvo! ¡Éramos otra vez libres!

Llorando y riendo a la vez, corrimos en dirección a los soldados y los rodeamos.

Un grito se escuchó entre el gentío:

—¡Somos libres! ¡Somos libres!

Se oían risas y suspiros de alivio mezclados con una algarabía de celebración.

Los soldados reían también, muchos de ellos con lágrimas en los ojos, y nos abrazaban. Nos repartieron galletitas y chocolate, ¡Delicioso!

Fue nuestra primera señal de libertad. Y comprendí que la promesa que había hecho esa primera noche, en la letrina, de sobrevivir y salir con vida del campo con Miriam a mi lado, se había hecho realidad.

Capítulo Diez

Rodeé con los brazos el cuello de un soldado soviético y me alzó. Me abracé a él con Miriam a mi lado. Todo el mundo se abrazaba, se besaba y gritaba: «¡Somos libres!».

Esa noche, los soldados continuaron la celebración en las barracas. Bailaron con las mujeres y bebieron vodka con los hombres directamente de las botellas. Todo el mundo reía y cantaba. Había música: la gente tocaba tambores improvisados con cucharas y platos de metal, y alguien tocaba un acordeón. Algunos de los niños se unieron al baile y comenzaron a brincar en el piso, en las literas y encima de los adultos. Nunca había visto tanta alegría, especialmente en un campo de exterminio.

Miriam y yo nos sentamos en nuestra litera, mirando y disfrutando de la singular escena de regocijo y júbilo. La alegría humana de estar vivo.

—¡Somos libres! —dije en voz alta con un ligero movimiento de cabeza al compás de la música.

—¡No más terrible *pflegerin*!

—¡No más *Heil*, Dr. Mengele!

—¡No más experimentos!

—¡No más inyecciones!

—¡No más ahorcamientos!

—¡No más…!

Nos entreteníamos haciendo una lista con todas las cosas que *no* echaríamos de menos ahora que éramos libres.

—¡Podemos hacer lo que queramos! —dijo Miriam con tanta satisfacción que llenaba su delgado rostro.

Sus palabras hicieron que me detuviera a pensar: «Podemos hacer lo que queramos».

Miraba a todo el mundo celebrar, pero no los veía. Oía la música, pero no la escuchaba.

«Podemos hacer lo que queramos. Cualquier cosa que queramos. Somos libres».

Los recuerdos de mi hogar llenaron todos mis sentidos. Los sonidos de la granja hacían eco en mis oídos: el hacha en la madera, el cacareo de las gallinas, el mugir de las vacas. El olor a fruta madura del huerto llenó mi olfato. No sé cuánto tiempo estuve allí sentada pensando en todo esto.

Fue Miriam quien me despertó de mi ensueño:

—¿Qué pasa, Eva? ¡Eva! ¿Qué pasa? —me dijo, sacudiéndome por el brazo.

Me viré para mirarla y fue entonces cuando me percaté de su presencia.

—Nuestra casa. Quiero volver a casa —le dije.

Miriam me miró detenidamente:

—Somos libres. Volvamos a casa.

Hicimos inventario de nuestras pocas pertinencias y las

guardamos bajo la ropa. Esa noche dormimos profundamente porque teníamos un plan: íbamos a regresar a casa lo más pronto posible.

Al día siguiente por la tarde nos vimos rodeados de muchos soviéticos. Nos pidieron a Miriam y a mí, y a todos los niños supervivientes, casi todos gemelos, que nos pusiéramos encima de la ropa el uniforme a rayas de los presos. Como éramos las gemelas de Mengele, nunca tuvimos que usar el uniforme de los prisioneros de Auschwitz. Yo tenía puestos dos abrigos porque hacía frío, y debajo de la ropa y de los abrigos guardábamos nuestras pertenencias: comida, cuencos, mantas, cosas que para nosotras eran un tesoro.

Éramos las primeras de la fila y, sujetas de las manos, marchamos fuera de las barracas.

Una enfermera que cargaba una niña pequeña en brazos caminaba a nuestro lado. Unas enormes cámaras grababan todo. Miré al camarógrafo y me pregunté por qué nos filmaban.

«¿Es que acaso éramos artistas de cine o algo parecido?», me pregunté. Estaba realmente impresionada por todo. Las únicas películas que Miriam y yo habíamos visto eran las de Shirley Temple que mamá nos había llevado a ver en la ciudad.

Para mi sorpresa, una vez que habíamos salido del campo, el camarógrafo nos dijo que regresáramos a las barracas y volviéramos a salir otra vez. Con monjas, enfermeras y soldados soviéticos acompañándonos, filas y filas de gemelos volvieron a llenar las barracas para luego volver a salir.

Repetimos la acción varias veces hasta que el camarógrafo quedó satisfecho.

Años más tarde supe que querían captar la escena para una película de propaganda, y mostrar cómo el ejército de la Unión Soviética había rescatado a niños judíos de los fascistas.

Al fin, y por última vez, Miriam y yo, unidas de la mano, salimos fuera de las barracas con idénticos uniformes a rayas. Habíamos sobrevivido a Auschwitz. Teníamos once años.

Ahora solo nos preocupaba una cosa: cómo podríamos regresar a casa.

Capítulo Once

Todo el mundo a nuestro alrededor se preparaba para marcharse. Muchos decidieron irse, pero yo no sabía qué dirección tomar. No sabía dónde estábamos. En ese entonces no sabía que había países como Polonia y la Unión Soviética. Como había ido a una pequeña escuela rural en Rumanía, no tenía mucho conocimiento del resto del mundo.

Durante las siguientes dos semanas, Miriam y yo nos quedamos en Auschwitz con otros prisioneros. Al principio, no teníamos suficiente comida. Regresé al sótano y llené la bufanda con harina.

—¡*Nyet*! ¡*Nyet*! ¡No! ¡No! —gritó un soldado soviético, y disparó su arma.

Asustada, se me cayó la harina al suelo y salí corriendo hasta llegar al lado de Miriam. Luego me di cuenta de que el soldado no me disparaba a mí como lo habían hecho los nazis: solamente trataba de asustarme. Los soldados estaban a cargo del campamento y trataban de mantener el orden.

No recuerdo haber ido a buscar más comida después de eso. Los soviéticos nos daban sopa con frijoles, y tenía buen sabor. Una vez que Miriam y yo empezábamos a comer no podíamos parar. Para entonces ya sabíamos que comer mucho no era bueno, así que nos controlábamos la una a la otra. No queríamos morir ahora por exceso de comida, como les había ocurrido a otras gemelas que conocimos.

Al fin, semanas más tarde pudimos salir de Auschwitz. Nos llevaron en una carreta tirada por caballos a un orfanatorio en un monasterio en Katowice, Polonia. Más tarde nos enteramos de que los soviéticos, en colaboración con la Cruz Roja y con varias organizaciones para refugiados judíos, lo habían organizado todo.

Cuando llegamos al monasterio, nos condujeron a nuestros nuevos aposentos. Me quedé sorprendida: nos dieron un cuarto solo para las dos. Tenía dos camas con sábanas blancas y limpias. ¡Sábanas! No había visto una sábana en un año. Me sentía extraña, fuera de lugar. Nadie se había preocupado de nuestro aseo; estábamos sucias y cubiertas de piojos. No podía acostarme en una cama tan limpia como esa.

Durante un buen rato me quedé mirando las sábanas. Luego las quité y me acosté sobre el colchón No quería que se ensuciaran. No me parecía correcto.

Las monjas nos habían dejado juguetes en el cuarto, pero no me alegré, todo lo contrario. Los juguetes eran para los niños pequeños. Yo tenía once años y no me acordaba cómo jugar.

Lo que yo necesitaba era afecto y cariño. En Auschwitz había luchado para sobrevivir. Ahora solo quería regresar

16. Las dos niñas al frente son Eva (izq.) y Miriam (dcha.).

17. Eva y Miriam, alumnas de secundaria en Cluj.

18. La familia Csengeri después de la guerra. Los padres: Zvi y Rosie (en el medio). Las gemelas, Yehudit y Lea, a cada lado, y Michael, el hijo pequeño en los brazos de Zvi.

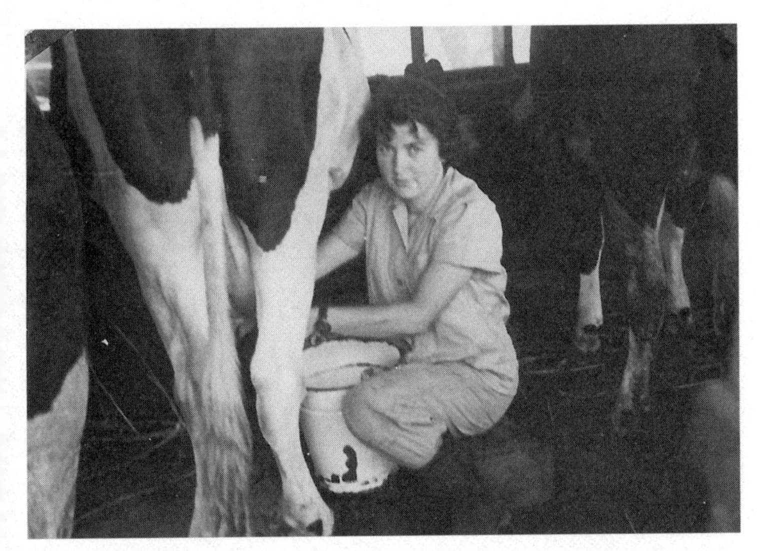

19. Eva ordeñando una vaca.

20. Fila superior (de izq. a dcha.): Eva, Mickey Kor, Mira, la sobrina de Mickey, su hermano Shlomo y su cuñada Sara. Delante está AuShalom, sobrino de Mickey.

21. Eva y Miriam en Auschwitz, 1991.

22. En el medio (a la izq.): Rina Kor (sosteniendo el documento), Alex Kor, Eva Mozes Kor y el Dr. Münch en Auschwitz, en 1993, firmando sus declaraciones.

23. Eva sosteniendo frascos de las sustancias que usaban en los experimentos. Su contenido se desconoce; nunca se han abierto o sometidos a pruebas.

a casa. Las monjas no sabían qué hacer con nosotras; nos consideraban huérfanas.

Hablé por Miriam y por mí:

—Somos hermanas gemelas. Ella es Miriam y yo soy Eva Mozes. Nuestro papá se llama Alexander y nuestra mamá Jaffa. Somos de Portz.

Les hablábamos en húngaro porque no hablábamos polaco; una persona traducía todo lo que decíamos, lo cual tomaba mucho tiempo.

—¿Dónde están sus padres? —preguntaron las monjas.

—No sé.

—¿Quién se encargará de ustedes?

—No sé. Queremos regresar a nuestra casa —insistí.

—No podemos dejar salir a los niños si no tienen padres.

—Pero sí tenemos padres —les dije.

—¿Dónde?

—Tengo que regresar a casa para ver si regresaron del campo de concentración —les expliqué. Ahora que estábamos a salvo, tenía esperanzas de encontrar a mamá, a papá y a mis hermanas.

Las monjas nos dijeron que no podíamos salir del orfanato a menos que alguien se hiciera cargo de nosotros. Así que tuvimos que quedarnos.

No me gustaba vivir en un monasterio. Había cruces, crucifijos y cuadros de la Virgen María y el Niño por todas partes, algo ajeno a nosotras. Necesitaba verme rodeada de cosas familiares. Me pregunté qué pensaría papá, un judío religioso, si supiera que Miriam y yo vivíamos ahora en un monasterio. Las monjas no trataron de convertirnos ni nada parecido, pero no nos encontrábamos a gusto allí.

Unas chicas mayores que habían sobrevivido a Auschwitz y estaban también en el monasterio nos dijeron que podíamos ir al pueblo de Katowice y montar el tranvía sin tener que pagar. Solo teníamos que mostrar los números que teníamos tatuados en los brazos. Nos explicaron que no era necesario hablar polaco o decir nada, lo cual era un alivio.

Así que fuimos al centro del pueblo y descubrimos que lo que nos habían dicho era cierto: podíamos montar gratis en los tranvías. Una y otra vez, Miriam y yo viajamos en los tranvías de un extremo a otro del pueblo. La alegría de ser libres, de sentir el viento en la cara y de poder decidir qué hacer nos hacía sentir verdaderamente libres.

Supimos, por medio de unas chicas mayores, que algunos de los supervivientes de Auschwitz habían sido transferidos a campos para personas desplazadas en Katowice, incluyendo a nuestra antigua amiga y vecina, la señora Csengeri y sus hijas. Un día se me ocurrió un plan para poder irnos del monasterio.

—Vamos, Miriam —le dije—. Vamos a visitar a la señora Csengeri.

—¿Para qué? —preguntó Miriam.

—No preguntes y ven conmigo.

Subimos a un tranvía y fuimos al campo. Cuando encontramos a la señora Csengeri comencé a hablar sin parar:

—Usted era amiga de mi mamá —le dije—. No queremos quedarnos en el monasterio, pero no nos dejan ir porque no encontramos a nuestros padres.

—Sí, lo sé —contestó ella—. ¿Pero por qué me dices esto?

Hice una pausa y dije: —¿Podría firmar un papel que dijera que usted es nuestra tía para poder salir y regresar a casa?

Permaneció callada por un segundo hasta que finalmente dijo:

—Está bien. Iré al monasterio con ustedes y firmaré los papeles. —Hizo una pausa y añadió:

Y entonces las llevaré conmigo a casa.

No podía contener mi alegría.

En marzo de 1945 Miriam y yo nos mudamos al campo con la señora Csengeri y sus hijas. Vivíamos en un cuarto en las barracas que compartíamos con la señora Goldenthal y sus tres hijos.

La señora Goldenthal tenía dos hijos gemelos, Alex y Erno, que eran de nuestra edad. Supe que, al igual que nosotras, habían sido seleccionados en Auschwitz para los experimentos de Mengele. La señora Goldenthal se había quedado con ellos; más adelante supe que había escondido a su hija más pequeña, Margarita, debajo de su falda. Había entrado a las barracas de las mujeres con la niña escondida, y durante todo el tiempo mantuvo el secreto. Incluso cuando los nazis venían a pasar inspección la escondía debajo del colchón. Ella y las otras mujeres de la barraca lograron mantener oculta a la pequeña.

Ahora, la señora Goldenthal y la señora Csengeri nos cuidaban. Nos bañaban y nos lavaban la ropa. Nos quitaron los piojos. La señora Csengeri nos hizo vestidos a Miriam y a mí de unas capas de color caqui de los soviéicos. El ponerme un vestido hizo que me sintiera como una niña otra vez. Cocinaba cosas ricas para nosotras. Miriam y yo nos sentíamos como en familia otra vez, al cuidado de adultos, como antes.

Los soldados soviéticos a cargo del campo nos daban pan y la mitad de un rublo todas las semanas para que lo gastáramos en lo que quisiéramos. A veces íbamos al mercado público y comprábamos una manzana. Por lo general, comíamos cosas que saciaban el hambre, como pan, sopa de papas y carne. Pero una manzana era algo especial.

Una mañana, mes y medio después de nuestra llegada, la señora Csengeri me despertó de un sueño profundo:

—Empaquen todo —me dijo—. Nos vamos.

Recogimos todas nuestras pertenencias. Miriam y yo, de la mano, con nuestros vestidos a juego de color caqui, subimos a un tren con nuestro pequeño grupo. No teníamos idea de adónde íbamos, pero sí sabíamos dónde queríamos llegar. Lo que yo quería era encontrar a mis padres o a alguien que fuese de verdad de nuestra familia. Lo que más anhelaba era regresar a casa.

Capítulo Doce

Miriam y yo emprendimos el viaje de regreso a casa, junto a la señora Csengeri, la señora Goldenthal y sus hijos, bajo la supervisión de los soldados soviéticos. Aunque viajamos en vagones de ganado, esta vez fue diferente al viaje a Auschwitz. El tren no estaba lleno y tenía pequeñas literas con cómodos colchones. Nos encantaba sentarnos en la litera de arriba y mirar por las ventanillas, que esta vez no estaban cubiertas con alambre de púas. A la hora de dormir, teníamos tantas mantas como quisiéramos. Nos abrazábamos sin hablar de cómo nos sentíamos o lo que estaba pasando. Solamente nos acurrucábamos.

Durante el día las puertas de los vagones permanecían abiertas. A menudo nos sentábamos en el borde de la puerta con las piernas colgando hacia fuera. El tren avanzaba tan lentamente que casi podías correr a su lado. El viento nos rozaba la cara y el aire fresco se sentía maravilloso. Disfrutábamos viendo el paisaje de los campos y las colinas. Estábamos en primavera. Las flores florecían, los pájaros cantaban.

Ya no corríamos peligro. Éramos libres.

A veces el tren paraba durante cinco o seis horas. Nos bajábamos y la señora Csengeri colocaba dos ladrillos, hacía una pequeña fogata y cocinaba algo en una olla. Los soviéticos nos dieron pan y raciones, pero nosotros también habíamos traído comida. Ya no tenía que preocuparme de buscar qué comer. La señora Csengeri se había hecho cargo de nosotras y nunca protestaba. Cuando el conductor avisaba de que el tren se iba a poner en marcha otra vez, todos subíamos a los vagones.

Íbamos en dirección a Rumanía. Durante el viaje conversábamos y cantábamos. La señora Csengeri y la señora Goldenthal dijeron que iban a guardar los uniformes a rayas que habían usado en Auschwitz para demostrar al mundo lo que allí había ocurrido.

—Contaré mi historia —decía la señora Csengeri—. Le dejaré saber al mundo lo que esos monstruos nos hicieron.

En aquel entonces no entendía por qué eso era tan importante. No podía imaginarme a quién pudiera interesarle escuchar acerca de Auschwitz, pero ellas no dejaban de hablar de lo mismo. Se preguntaban si sus esposos habrían sobrevivido. Yo me preguntaba si alguien de mi familia, además de Miriam y yo, había logrado salvarse. Nadie sabía en realidad.

A veces pasábamos por villas y pueblos que habían sido destruidos por los bombardeos. Edificios de ladrillos estaban derrumbados. El suelo yacía cubierto de escombros. Algunos lugares parecían estar totalmente abandonados. Fuimos de Katowice, en Polonia, a Czernowitz, cerca de la frontera con Rumanía. En las afueras de la ciudad nos quedamos en un campo que quizás fue de trabajo o un gueto. Permanecimos allí unos dos meses, pensando siempre que nos acercábamos cada vez más a casa.

Una tarde nos dieron la orden de empacar y volvimos a subir a un vagón de ganado, pero con literas. Mientras el tren avanzaba, algunos adultos pensaron que ya deberíamos haber llegado a Rumanía; Transilvania había dejado de ser parte de Hungría y ahora era de Rumanía otra vez.

La señora Csengeri vio los letreros y dijo que estábamos entrando a la Unión Soviética. Cuando el tren empezó a subir lentamente por una colina, varias personas saltaron del tren y rodaron cuesta abajo. «¿Adónde irán?», pensé para mis adentros. Durante años me pregunté qué habría sido de esas personas. Luego supe que muchos tenían miedo de la Unión Soviética y no querían vivir bajo un régimen comunista.

Después de una semana, llegamos a un campo de refugiados en Slutz. Estaba cerca a Minsk, en la Unión Soviética. Vivimos allí durante un par de meses junto con otros exprisioneros de otras partes de Europa. Finalmente, nos habían agrupado según nuestros países de origen.

Un día de octubre emprendimos el viaje hacia Rumanía. Nuestra primera parada fue Nagy Varad Oradea, el pueblo de la señora Goldenthal. Ella y sus hijos regresaban a casa. ¡Qué envidia sentí! ¡Quería volver a mi casa! Los que quedamos pasamos esa noche en un hotel cerca de la estación del tren y cenamos ahí. La comida era excelente: papas asadas con huevos fritos sazonados, manzanas y helado de postre. Por primera vez nos sentimos llenos después de comer. Una agencia judía nos dio dinero para pagar la cuenta. Todos los pueblos donde antes había existido una comunidad judía, ahora tenían una agencia para asistir a las personas desplazadas como nosotros y ayudarlos a reunirse con sus familiares.

Al día siguiente tomamos otro tren en dirección sur hacia Simlel Silvaniei, el pueblo de la señora Csengeri. Cuando llegamos nos invitó a pasar la noche en su casa. Por la mañana, antes de irnos, le dimos las gracias por todo lo que había hecho por nosotras. Luego abordamos el primer tren hacia Portz, nuestra villa.

Cuando el tren se detuvo y el conductor anunció: «¡Portz!», enseguida reconocí la estación. Cogidas de la mano, Miriam y yo nos bajamos y comenzamos a caminar en dirección al pueblo.

—¡Vamos a casa! —dije.

Me moría de ganas de ver la casa. No estaba segura de lo que íbamos a encontrar. ¿Estaría todo como lo habíamos dejado, aunque un poco deteriorado por todo el tiempo que habíamos estado ausentes? Para mí, mi hogar éramos Miriam y yo, nuestras hermanas y nuestros padres, la finca y los animales. Un regreso al hogar tenía que incluir algo de eso. Me permití abrigar la esperanza de que algo bueno nos recibiría.

Atravesamos la aldea cogidas de la mano. Llevábamos puestos nuestros vestidos de tela soviética iguales, pero yo todavía calzaba los zapatos del campo, dos tallas más grandes. Cada vez que daba un paso, el zapato golpeaba contra el suelo. La gente salía de sus casas al vernos pasar y murmuraban entre ellos. Nadie nos dirigió la palabra. Solo nos miraban fijamente. Nuestra apariencia no había cambiado mucho; estaba segura de que sabían quiénes éramos.

Según nos acercábamos a nuestra casa, el corazón me comenzó a latir tan fuertemente que parecía querer salirse del pecho. Estaba ansiosa por llegar a las puertas de la entrada. ¡Pronto estaría en casa nuevamente! Mis recuerdos eran de cosas lindas y de buenos tiempos: camas tibias, ropa bonita y de mi talla, una mamá que nos cocinaba, un padre que era nuestro sustento. Esa era mi familia.

Pero nada de eso quedaba. Nada excepto la tierra sin cultivar y las paredes limpias de una casa totalmente vacía.

Todo lucía descuidado. Abandonado. Enseguida me di cuenta de que papá y mamá no habían regresado. Nunca hubiesen permitido que la maleza creciera tanto. Nunca hubiesen permitido que la casa estuviera tan deteriorada.

Fue en ese preciso momento en el que Miriam y yo supimos que nosotras éramos todo lo que quedaba de la familia Mozes. La abuela y el abuelo Hersh, la razón principal por la que mamá no había querido ir a Palestina, tampoco estaban. No había nadie más.

Entramos a la casa de la mano. Nos sorprendimos cuando Lily, la perrita salchicha de mamá, salió a recibirnos, ladrando y moviendo la cola. ¡Ella había estado allí todo el tiempo! Parecía reconocernos, y cuando nos acercamos para acariciarla, nos lamió las manos. Parece que a los perros judíos no se los llevaron a los campos de concentración, solo a las personas.

La casa estaba sucia y vacía. La habían saqueado: muebles, cortinas, platos, mantelería, ropa de cama, candelabros... Se lo habían llevado todo. Caminé por toda la casa, entrando en cada habitación, buscando algún vestigio de nuestra vida pasada. Solo pude encontrar tres fotografías estrujadas en el suelo. Las recogí y las guardé.

En una foto aparecían mis hermanas mayores, Edit y Aliz, con tres primas. Otra era de Edit, Aliz, Miriam y yo y nuestras profesoras, en 1942. La tercera era la última foto de toda la familia, tomada en el otoño de 1943. En la foto, en blanco y negro, Miriam y yo teníamos puestos los vestidos color vino. Esta era la única prueba que tenía de que no mucho tiempo atrás, había tenido una familia. Miriam y yo caminamos por toda la finca durante seis o siete horas. Los árboles frutales seguían allí, y comimos algunas ciruelas y manzanas, pero la gente del pueblo había cogido la mayoría de las frutas. A media tarde llegó nuestro primo Shmilu. Tía Irena, la hermana menor de papá, le había pedido a Shmilu que fuera a buscarnos. Luego nos enteramos de que había dado con nuestro paradero a través de la Cruz Roja. Miriam y yo fuimos de los últimos judíos en regresar a Transilvania. Tía Irena no había dejado de revisar las listas con la esperanza de que alguien de la familia hubiera sobrevivido. Por eso supo exactamente cuándo llagaba nuestro tren a Portz, y se había puesto en contacto con Shmilu.

Shmilu tenía unos veinte años y había vivido en una villa cercana a la nuestra. También había sido prisionero en Auschwitz y fue el único de su familia que sobrevivió. Le comenté que los vecinos habían robado todo, y me dijo que lo sabía.

Shmilu les pidió a los vecinos que devolvieran una cama, una mesa y un par de sillas para arreglarse un cuarto en la cocina de verano de la finca. Trabajaba la tierra y cuidaba a Lily. La perrita entraba y salía cuando quería, y se alimentaba de sobras de la finca.

Le preguntamos a Shmilu por nuestros padres.

—No he visto a nadie de la familia —nos dijo—. Solo sé que la tía Irena logró sobrevivir y las está esperando. La enviaron a un campo de concentración, pero regresó en mayo.

No me sentía a gusto en la casa, a pesar de que era nuestra. Tenía la sensación de que ya no era nuestro hogar. Miriam y yo no teníamos hogar, no teníamos padres, ni hermanas. Pero al menos, nos teníamos la una a la otra.

Nos fuimos con el primo Shmilu. Los vecinos nos vieron pasar sin decir nada. Estaba enojada con ellos, pero no dije nada. Tomamos un tren que nos llevaría a Miriam y a mí a la gran ciudad de Cluj para reunirnos con nuestra tía.

De alguna manera, comenzaríamos una nueva vida.

Capítulo Trece

Durante los siguientes cinco años, de 1945 a 1950, Miriam y yo vivimos con la tía Irena. Tenía un apartamento grande en Cluj.

Antes de la guerra, Miriam y yo siempre habíamos disfrutado las visitas a la casa de la tía y de las suyas a nuestra casa. Ella y su esposo viajaban mucho, y ella nos contaba historias de sus vacaciones en la Riviera Francesa y en Monte Carlo. Nos encantaba escucharla y ver sus joyas y pieles. Su hijo era nuestro primo preferido.

Pero un año o dos después de llegar a Cluj, descubrimos que la libertad no era lo que habíamos imaginado. Rumanía estaba ahora bajo el control de los comunistas. El Partido Comunista era el único partido político y tenía poder absoluto. La policía secreta arrestaba a cualquiera que se opusiera al régimen, y confiscaba sus propiedades para dárselas a los campesinos.

Durante la guerra, los nazis habían obligado a la tía Irena a trabajar en una fábrica de bombas en Alemania. Su esposo y su hijo habían muerto en los campos. Cuando regresó a Cluj, encontró que los comunistas habían confiscado casi todas sus pertenencias. Pero el estado le había permitido mantener el apartamento porque era viuda de guerra y superviviente de los campos de concentración. Más tarde se casó con un farmacéutico que también era superviviente.

Vivíamos juntos, pero en realidad no éramos una familia. Sabíamos que nos quería porque fue la única de nuestros familiares que se quiso hacer cargo de nosotras. Pero nunca nos abrazaba ni nos besaba o nos hablaba con afecto. Miriam y yo estábamos necesitadas de cariño y añorábamos una mamá que nos quisiera.

La tía Irena todavía conservaba alfombras persas, una colección de porcelana y trajes de diseñadores de antes de la guerra. Estos tesoros le recordaban la buena vida que una vez había disfrutado y, por extraño que parezca, parecían importarle más que nosotras.

Miriam y yo no nos sentíamos a gusto en ese grandioso apartamento. Éramos un poco desordenadas. Éramos niñas de once años que habían regresado de las barracas de Auschwitz. No pertenecíamos en Auschwitz, pero tampoco en este lujoso apartamento en Cluj.

Todas las noches tenía pesadillas. Soñaba con ratas del tamaño de un gato, cadáveres e inyecciones. Después de que nos enteramos de que los nazis habían hecho jabones con la grasa de los judíos, soñaba que mis padres y mis hermanas me preguntaban: «¿Por qué nos usas para lavarte?».

No le dije nada a Miriam, porque no quería entristecerla o que tuviera las mismas pesadillas. Las dos teníamos constantes problemas de salud y nos enfermábamos a menudo. Dolorosas llagas nos cubrían el cuerpo. Eran tan grandes como manzanas y nos dejaban cicatrices. Cuando la tía Irena nos llevó al doctor, me sentí aterrorizada. Me acordaba del Dr. Mengele y de sus asistentes de bata blanca. Había aprendido a no confiar mucho en los médicos.

Cuando el doctor, que era rumano, nos examinó, dijo:

—Estas niñas sufren de lo mismo que muchos otros niños de la guerra: de malnutrición. No hay nada que una buena dieta y vitaminas no pueda curar.

En esa época no había vitaminas y la comida escaseaba. A veces hacíamos una cola durante horas para obtener una barra de pan. Shmilu nos traía harina, papas, huevos, verduras y aceite de girasol de la finca. ¡A Miriam y a mí nos gustaba tanto ese aceite que lo bebíamos directamente de la botella! Era algo que preocupaba a la tía, pero el doctor le dijo que nos dejara beber el aceite, pues parecía que nos estábamos recuperando.

Un día, mientras comía un trozo de pan en el balcón del apartamento, alguien me vio y me reportó a la policía. Esa noche la policía vino, llevó a cabo una redada y se llevó toda la comida. Al día siguiente, la tía hizo construir un armario falso que parecía una pared. Solamente se podía entrar pulsando un botón. A partir de ese momento, guardamos la comida en ese armario.

Una noche, la policía secreta arrestó el esposo de la tía Irena sin darle ninguna explicación. Desapareció. No sabíamos si estaba vivo o muerto. Cuando salíamos, siempre nos preocupaba si alguien nos seguía o escuchaba nuestras conversaciones. Cualquiera podía delatarnos a la policía secreta.

La vida en la Rumanía comunista cada vez era más difícil. El Gobierno lo controlaba todo, incluyendo las escuelas. El primer día que fuimos a la escuela secundaria nos pusimos nuestros vestidos de color caqui. Recordábamos cuando íbamos a la escuela en Portz con nuestros vestidos de color vino. Pero ahora, los chicos se burlaban de nuestra ropa. Solo habíamos perdido un año y medio de clase, y no estábamos muy retrasadas en los estudios. Sin embargo, aquí el colegio era más difícil porque solo hablábamos húngaro y las clases las daban en rumano.

Éramos las únicas niñas judías. Nos ponían apodos, a pesar de lo que habíamos pasado. Personas antisemitas en Cluj comenzaron a extender el rumor de que un vampiro judío salía de noche a perseguir niñas cristianas para chuparles la sangre. Miriam y yo íbamos a un orfanatorio todas las noches a cenar porque en casa de la tía Irena no había suficiente comida. De regreso a casa me preguntaba cómo sabía ese vampiro que yo era judía para que no me atacara.

Pero no solo eran los judíos los perseguidos. Las condiciones eran terribles para todo el mundo. Finalmente, Miriam y yo fuimos a una organización judía sionista para obtener información sobre Palestina, pero el Gobierno cerró sus oficinas poco tiempo después.

A veces recibíamos paquetes de una tía en Estados Unidos. En una ocasión nos envió tela, y la tía Irena nos llevó a una costurera para que nos hiciera tres vestidos iguales.

Nuestro preferido era uno azul con pequeños lunares. Nos encantaba vestirnos iguales para llamar la atención y gastarles bromas a los chicos. Nuestra tía americana también nos envió abrigos, pero eran para adultos y no nos sirvieron.

Un día, en 1948, cuando teníamos catorce años, el Gobierno anunció que la tienda recibiría nuevos abrigos para vender. Miriam y yo estuvimos en la fila toda la noche esperando a que abrieran las puertas a las diez de la mañana. ¡Pero doce mil personas se presentaron para comprar doscientos abrigos! Cuando las puertas se abrieron y la gente se abalanzó adentro, una dependienta amiga de nuestra tía nos reconoció. Nos lanzó dos abrigos de color rojizo, como las hojas de los árboles en el otoño, y nos escondió debajo de un mostrador. Después pagamos por los abrigos y salimos de la tienda con nuestros abrigos puestos.

Palestina se convirtió en el estado de Israel en 1948. Comencé a pensar que sería un privilegio vivir en el lugar con el que mi padre había soñado. La última vez que vimos a papá nos hizo prometer que si sobrevivíamos, iríamos a vivir a Palestina.

Miriam y yo nos escribimos con el tío Aaron, el hermano de papá que vivía en Haifa, y le enviamos una foto de las dos. Nos ofreció ayudarnos a mudarnos a Israel y mitigar nuestro sufrimiento. Le escribimos para preguntarle si en Israel había chocolate. Nos contestó que podíamos comer todo el chocolate y todas las naranjas que quisiéramos. Él se haría cargo de nosotras. ¡Para nosotros Israel sonaba como el paraíso!

La tía Irena nos dijo que había recibido noticias de que su hijo estaba vivo y que vivía en Israel. Ella también quería emigrar. Todas solicitamos las visas para salir; la suya le fue concedida enseguida. La nuestra demoraró dos años. El Gobierno no quería que la gente joven saliera de Rumanía porque la necesitaba para reconstruir el país después de la guerra.

Mientras esperábamos las visas preparábamos el viaje. Todos los días salían nuevas regulaciones sobre lo que podíamos llevarnos. Empacamos un año antes de partir; vivíamos rodeadas de cajas con las cosas que queríamos llevarnos. Para poder salir del país, Miriam y yo tuvimos que firmar un papel renunciando al resto de nuestras propiedades. Éramos propietarias de dos acres de tierra agrícola y de la casa de Portz. Los comunistas ya habían confiscado la mayor parte de la finca, que distribuyeron entre los campesinos. Deseábamos tanto poder irnos que firmamos los papeles.

Dos meses antes de marcharnos soltaron al esposo de tía Irena y le dieron una visa. No nos contó nada de lo que le había pasado. Estábamos contentas de que al fin lo habían dejado en libertad.

Finalmente, en junio de 1950, cuando estábamos listos para partir, el Gobierno nos notificó que solamente podíamos sacar lo que lleváramos puesto. El día que partimos la tía Irena hizo que nos pusiéramos tres vestidos debajo de los abrigos. Con cuidado, cubrí con papel las fotos estrujadas de mi familia y las guardé para llevármelas.

Viajamos en tren a Constanza, una ciudad en la costa del Mar Negro. Abriéndonos paso a empujones, subimos al barco. Miriam y yo estábamos tan apretujadas que apenas podíamos respirar. Nos sujetamos fuertemente de las manos para no separarnos. Había tres mil personas en un barco con capacidad para mil. Esperamos veinte horas para zarpar.

A medida que nos alejábamos de la costa me di cuenta de que ya no quedaba nada en Rumanía que nos atara a Miriam y a mí. Durante los últimos cinco años siempre albergué la esperanza de que mis padres y mis hermanas regresaran algún día. Las organizaciones judías que trabajaban con la Cruz Roja sacaban listas de las personas a medida que regresaban. Todas las noches revisaba las listas en el orfanatorio donde íbamos a cenar, pero nunca tuvimos noticias de ninguno de ellos. Miriam y yo teníamos dieciséis años. Era hora de seguir adelante.

Fue un viaje muy largo y agotador. Durante días y días no vimos tierra, pero navegar en el mar abierto era una sensación especial. La interminable extensión de agua y cielo, el aire fresco y el viento que revolvía nuestro cabello olían a libertad y a promesa. Cogidas de la mano, Miriam y yo observábamos los delfines jugueteando en el mar.

Un día muy temprano en la mañana el barco llegó al puerto de Haifa. Mientras atracaba, paradas en la cubierta vimos el sol nacer sobre el Monte Carmelo. Fue uno de los espectáculos más hermosos que jamás había presenciado. La tierra de la libertad. La mayoría de los pasajeros eran supervivientes del Holocausto, como nosotras.

Todo el mundo comenzó a cantar *Hatikvah*, el himno nacional de Israel. Cantábamos y llorábamos de alegría.

Una vez que desembarcamos buscamos a la persona que nos esperaba. El tío Aaron finalmente nos vio y comenzó a llamarnos, agitando los brazos para que pudiéramos verlo. Nos abrazó y nos besó. Lloramos en sus brazos. Había transcurrido mucho tiempo desde que mi hermana o yo recibiéramos verdaderas muestras de cariño, excepto entre ella y yo.

Miriam y yo, con nuestros abrigos iguales de color rojizo y tres capas de vestidos por debajo, sentimos que por fin habíamos llegado a casa.

Capítulo Catorce

Cuando llegamos a Haifa y nos reunimos con el tío Aaron nos enteramos de que el hijo de la tía Irena no estaba en Israel. Ella había inventado la historia para poder obtener la visa. Miriam y yo nos pusimos tristes al saber que nuestro primo preferido se había ido para siempre. Pasamos esa tarde en compañía de nuestro tío y de su familia. Habían decidido que Miriam y yo iríamos a una de las villas para jóvenes que el Gobierno de Israel había establecido. Estaban situadas en enormes granjas donde jóvenes como nosotras sembraban y cosechaban diferentes cultivos y cuidaban de los animales. Los alimentos que producíamos ayudaban a alimentar la nación de Israel.

Trabajábamos la mitad del día y la otra mitad íbamos al colegio. Mi trabajo era recoger tomates y cacahuates, y ordeñar las vacas.

Compartíamos la villa con otros trescientos jóvenes procedentes de diferentes países.

No todos eran supervivientes del Holocausto como nosotras. Algunos vivían allí mientras sus padres se formaban para ejercer diferentes oficios. Nos dividieron en grupos al llegar y finalmente hicimos buenos amigos. Cada casa dormitorio tenía una «madre» que se encargada de todos, pero cada uno de nosotros era responsable de mantener las habitaciones limpias. Por primera vez desde que salimos de Auschwitz pude dormir sin tener pesadillas. Ya no tenía que preocuparme por nuestra salud o seguridad. No había antisemitismo, y podíamos celebrar con júbilo nuestro legado judío. Nuestro dolor y sufrimiento poco a poco comenzaron a sanar lentamente.

Aunque todos llegamos hablando diferentes lenguas, aprendimos una común: el hebreo. Aprendí mis primeras palabras la primera noche que pasamos en la villa. Era viernes. Esa noche, y todos los viernes por la noche, todos los chicos nos reuníamos en un inmenso comedor para dar la bienvenida al *Shabbat*, día de observancia de los judíos. Había velas y vino en la mesa, y todos vestíamos blusas o camisas blancas. Dos muchachas nos fueron asignadas como «hermanas mayores», y eso nos hizo sentir como en casa.

Después de rezar, todo el mundo comenzó a cantar y a bailar la *hora*, pero yo no sabía cómo. «¿Podré aprender a bailarla?», me pregunté. Mi hermana mayor me tomó de la mano y la de Miriam tomó la suya y todos, cogidos de la mano, hicimos un círculo bailando hacia la derecha. No sabía los pasos, pero traté de seguir a los demás. Con los brazos en alto, bailamos juntos, chicos y chicas, cantando *Hava Nagila*. Riendo, dimos vueltas y vueltas cada vez más rápido. Bailé la *hora* llena de emoción. Miriam y yo finalmente habíamos sido aceptadas en el seno de una familia grande y acogedora.

Epílogo de Eva

En Israel vivimos en la villa durante dos años. Íbamos al colegio medio día y el otro medio día trabajábamos en la granja. Aprendimos a hablar hebreo bastante pronto y adelantamos en nuestros estudios, incluso saltando grados hasta terminar en el décimo. Miriam trabajaba en el campo y yo me encargaba de ordeñar las vacas. Era la única chica que trabajaba con seis chicos. Aprendí a decir «te quiero» en diez idiomas diferentes, lo cual a los dieciséis años era algo importante.

En 1952 fuimos reclutadas por el ejército de Israel, donde Miriam estudió enfermería y se graduó de enfermera. Yo estudié diseño arquitectónico, la profesión que se encarga del diseño de edificios o maquinaria. Había sido enviada a Tel Aviv y pasé ocho años en el ejército hasta llegar al rango de sargento mayor. Fueron unos años de crecimiento para mí. Llegué a ser buena delineante y aprendí a ganarme la vida. Pero deseaba un hogar y mi propia familia.

En abril de 1960, conocí a un turista estadounidense Michael Kor, quien visitaba a su hermano en Tel Aviv.

Aunque apenas podíamos comunicarnos, nos casamos unas semanas más tarde. Me había dicho algo en inglés; esa misma noche busqué su significado y le contesté que sí. Era una propuesta de matrimonio. Cuando me di cuenta estaba viviendo en Terre Haute, Indiana, donde mi esposo residía desde 1947. Se había mudado al finalizar la guerra para estar cerca de la persona de las Fuerzas Aliadas de Estados Unidos que lo había liberado. Déjenme decirles que no es muy buena idea casarse con alguien con quien uno no se puede comunicar en la misma lengua. Ambos nos llevamos varias sorpresas mientras intentábamos conocernos mejor. Por ejemplo, al principio, él pensó que yo era muy callada. Pero como habrán podido deducir por estas memorias, no es así; era que no hablaba inglés.

Venir de Tel Aviv a Terre Haute era como aterrizar en la luna. No sabía nada de la vida en Estados Unidos, no hablaba inglés y pensaba que todo el mundo era rico. A las pocas semanas quedé en estado. Echaba de menos Israel, extrañaba mucho a Miriam y a mis amigos, así que miraba televisión todo el tiempo para ahogar mis penas. Pensaba que lo único que los estadounidenses veían eran programas de noticias y deportes, porque eso era lo único que mi esposo veía.

Un día, para mi sorpresa, vi una película en televisión acerca de una pareja de jóvenes que salían, se besaban y disfrutaban de la vida. ¡Eso sí que valía la pena! Comencé a ver esos programas, apartando la vista de la pantalla solo para anotar las palabras que no conocía y luego buscarlas en el diccionario. Y fue así como aprendí suficiente inglés para conseguir un trabajo a los tres meses de haber llegado.

Nuestro hijo, Alex Kor, nació el 15 de abril de 1961, y nuestra hija, Rina Kor, el 1 de marzo de 1963. Pensé que mi vida estaba ahora completa. Pero las vivencias de mi niñez aún me perseguían. Las fiestas de cumpleaños comenzaron, lo cual era un problema, porque mis hijos pequeños me preguntaban por qué ellos no tenían abuelos como sus amiguitos.

Un día de Halloween, cuando Alex tenía seis años, un niño que era conocido en el barrio y otros amigos vinieron a la casa para gastarle una broma. Esos trucos me recordaron la época en que los jóvenes nazis de Portz nos acosaban y se burlaban de nosotros, y no podíamos defendernos. ¡Pero ahora vivía en este gran país donde no tenía que soportarlo! Así que salí y eché de la casa a esos niños. Debido a este incidente me hice muy «popular» entre los niños durante las fiestas de Halloween. Todos los años el acoso comenzaba el 1 de octubre: pintaban esvásticas en las paredes de la casa y clavaban cruces en el jardín; era horrible.

Alex regresaba del colegio llorando y me decía:

—¡Mamá, me siento avergonzado de ti! ¡Todos los niños dicen que estás loca! ¿Por qué no puedes ser como las otras mamás?

Le expliqué que no estaba loca, pero que tampoco era como las otras mamás. Pensé que si les contaba a los niños lo que me había ocurrido a mí de niña entenderían y me dejarían vivir en paz. Pero por haber sido víctima de tales atrocidades no sabía cómo hacerlo.

Me sentí acosada durante once años, hasta que en 1978 la cadena televisiva NBC sacó al aire el programa *Holocausto.* De repente la gente entendió por qué yo era diferente. Esos mismos niños que se habían burlado de mí me llamaron o me escribieron para disculparse. Ese año comencé a dar conferencias, y la gente siempre me preguntaba detalles sobre los experimentos. Nunca supe todos los detalles relacionados con Auschwitz, pero pensé que habría suficiente información recopilada acerca de los campos de concentración y sobre el Dr. Mengele. Desafortunadamente, no pude encontrar ninguna información en los libros. Me acordaba de que en la película de la liberación del campo se mostraban alrededor de doscientos niños saliendo del campo. Si pudiera encontrar algunos de esos niños a lo mejor podríamos compartir nuestros recuerdos y, de alguna forma, reconstruir ese pasado. Pero no sabía ni dónde ni cómo encontrarlos.

Me demoró seis años llevar a cabo la idea de establecer una organización para que nos ayudara a Miriam y a mí a localizar a los gemelos de Mengele. En 1984 fundamos CANDLES, acrónimo en inglés de *Children of Auschwitz Nazi Deadly Lab Experiments Survivors*. Localizamos a 122 supervivientes que vivían en diez países y cuatro continentes diferentes. CANDLES, una organización de apoyo, ayudó a numerosos gemelos a lidiar con muchos de los traumas que sufríamos a causa de los experimentos de Mengele.

A medida que pasaba el tiempo Miriam tenía cada vez más y más problemas con los riñones. Sabíamos que estaban relacionados con las inyecciones que recibió en Auschwitz, pero nunca supimos la razón por la cual no se desarrollaron a partir de los diez años. En 1987 tuvo un fallo renal. Le doné el riñón izquierdo, lo cual le permitió vivir hasta el 6 de junio de 1993. Nunca llegamos a saber lo que a ella o a todos nosotros nos habían inyectado. Todavía sigo buscando con la esperanza de hallar la respuesta algún día.

Su muerte fue algo desolador para mí. Sabía que tenía que hacer algo positivo en su memoria. En 1995 abrí el Museo del Holocausto y Centro Educativo CANDLES, en Terre Haute. Más de ciento setenta y cinco mil personas han visitado el museo desde que se abrieron sus puertas, la mayoría niños y jóvenes.

En 1993 viajé a Alemania y me reuní con un doctor nazi de Auschwitz, el Dr. Münch. Para mi sorpresa, fue muy amable conmigo. Aún más sorprendente es el hecho de que me agradó. Le pregunté si conocía algo de las cámaras de gas en Auschwitz. Me explicó que lo que sabía era la causa de sus pesadillas todas las noches. Entonces me explicó:

—A las personas les decían que iban a tomar una ducha y que se acordaran del número de la percha de sus ropas y que amarraran los zapatos con los cordones. Cuando la cámara de gas estaba totalmente llena, las puertas se cerraban herméticamente. Una válvula se abría en el techo y comenzaban a caer pequeños gránulos, como de grava, al suelo. De alguna forma, los gránulos funcionaban como hielo seco, convirtiéndose en gas. El gas comenzaba a subir del piso y la gente trataba de escapar encaramándose unos encima de otros. Los más fuertes terminaban sobre una pila de cuerpos. Cuando los de arriba dejaban de moverse era cuando yo sabía, observando la escena por una mirilla, que todos estaban muertos.

El Dr. Münch era el que firmaba el certificado de defunción; no había nombres escritos, solo que dos mil o tres mil personas habían muerto.

Le dije que esa información era muy valiosa porque hasta entonces no sabía cómo habían funcionado las cámaras de gas. Le pregunté si iría conmigo a Auschwitz en 1995 para conmemorar el cincuenta aniversario de la liberación del campo. Le pregunté si firmaría un afidávit sobre lo que había presenciado y hecho, y si lo haría en el sitio donde había ocurrido todo. Dijo que lo haría.

Regresé de Alemania, satisfecha por que iba a tener un documento original con el testimonio y firma de un nazi, un participante, no un superviviente ni un liberador, para sumarlo a la colección histórica que estábamos preservando para futuras generaciones. Estaba tan agradecida de que el Dr. Münch accediera a acompañarme a Auschwitz y de que firmara el documento, que quería expresarle mi agradecimiento. Pero, ¿cómo puede alguien darle las gracias a un doctor nazi?

Durante diez meses estuve buscando la respuesta. Me vinieron muchas ideas a la mente hasta que al fin pensé: «¿Y si le diera una carta perdonándolo de mi parte?». ¿Perdonarlo después de todo lo que había hecho? Sabía que lo apreciaría, pero una vez que tomé la decisión descubrí que poder perdonar no es un privilegio del agresor, sino de la víctima.

Tenía el poder de perdonar. Nadie me podía dar ese poder ni nadie podía quitármelo. Me sentí poderosa. Sentí una satisfacción interna por tener el poder, como superviviente, de tomar una decisión en mi vida.

Comencé a escribir la carta, consumida por el dolor, e hice varios borradores. Preocupada por mi ortografía, llamé a mi antigua profesora de inglés para que me corrigiera la carta.

Nos reunimos en varias ocasiones y me dijo que pensara en perdonar al Dr. Mengele también. En un principio su sugerencia me tomó por sorpresa, pero le prometí que lo pensaría, porque me di cuenta de que incluso yo tenía el poder de perdonar al Ángel de la Muerte. ¡Vaya! ¡Eso sí que es poder! Y con ello, no hiero a nadie.

Llegamos a Auschwitz el 27 de enero de 1995. El Dr. Münch vino con su hijo, su hija y su nieta, y yo con mi hijo, Alex, y mi hija, Rina. El Dr. Münch firmó el documento. Yo leí mi declaración de perdón y la firmé.

Inmediatamente sentí que me habían quitado un gran peso de encima, un peso y un dolor que había cargado durante cincuenta años. Ya no me consideraba una víctima de Auschwitz, ni de mi trágico pasado. Era libre, absolutamente libre. En ese momento, perdoné a mis padres por no habernos protegido de Auschwitz, por no habernos librado de crecer como huérfanas. Finalmente comprendí que ellos habían hecho lo que en ese momento pudieron. Y me perdoné a mí misma por haber odiado a mis padres en primer lugar.

La ira y el odio son semillas que germinan en guerra. El perdón es una semilla de la paz. Es el más poderoso acto para sanar uno mismo.

Pienso en el perdón como la cumbre de una gran montaña. Un lado es oscuro, inhóspito, resbaladizo, muy difícil de escalar. Pero los que luchan y consiguen llegar a la cumbre pueden ver la belleza que hay al otro lado de la montaña: un paisaje cubierto de flores, palomas, mariposas bajo un sol radiante. De pie, en la cumbre, podemos apreciar ambos lados de la montaña. ¿Cuántas personas escogerían bajar por el lado inhóspito y oscuro en lugar de hacerlo por el lado soleado, cubierto de flores?

He dado más de tres mil conferencias alrededor del mundo, he escrito dos libros y contribuido con tres capítulos en otros tres libros. Espero poder enseñarles a los jóvenes las lecciones de la vida que he aprendido a través de mi dolor y de todo lo que he pasado, y aun así haber sobrevivido:

1. Nunca te des por vencido, ni abandones tus sueños, porque todo lo bueno en esta vida es posible.
2. Juzga a las personas por sus acciones y por el carácter de su personalidad.
3. Perdona a tu peor enemigo y perdona a los que te han hecho daño: sanará tu alma y te liberará.

Cuando miro hacia atrás, a los años de mi juventud, nunca se me hubiera ocurrido pensar que a alguien le pudiera interesar escucharme o que yo tuviera algo interesante que contar. Así que le digo a cualquiera que lea este libro, recuerda: nunca, nunca, te des por vencido. Puedes salir adelante y realizar tus sueños.

Y quisiera termina con una frase de mi Declaración de Amnistía, que leí en el cincuenta aniversario de la liberación de Auschwitz:

> «Espero, de alguna manera, enviar un mensaje de perdón al mundo; un mensaje de paz, un mensaje de esperanza, un mensaje de reconciliación. Que no haya más guerras, no más experimentos sin consentimiento informado, no más cámaras de gas, no más odio, no más exterminios, no más Auschwitz».

Nota de la autora

Lisa Rojany Buccieri
Abril 2009

Este libro ha sido posible gracias a los esfuerzos de muchas personas. Primero, y ante todo, *Sobrevivir al Ángel de la Muerte: la historia de las gemelas de Mengele en Auschwitz* es una historia real que se basa en los recuerdos de una persona. Eva Mozes Kor fue testigo ocular de una multitud de crímenes contra la humanidad. Fue ella quien primero expresó su deseo de adaptar las memorias que había escrito y publicado bajo el título *Echoes from Auschwitz: Dr. Mengele's Twins, The Story of Eva and Miriam Mozes* en un libro destinado más a chicos y jóvenes.

Katie McKy entrevistó a Eva extensamente, haciéndole muchas preguntas relacionadas con su experiencia, y logró que se expresara de una forma que los niños y jóvenes pudieran entender su historia.

Susan Goldman Rubin se entrevistó con Eva y escribió

un extenso y detallado borrador, y añadió datos valiosos después de una rigurosa investigación. Sin la ayuda de Susan, este libro no hubiese salido en el tiempo estipulado.

Peggy Tierney, editora de Tanglewood Books, ha servido de apoyo a Eva a través de los años, de varios escritores y de muchos borradores. Sabía que Eva tenía una historia importante que contar y que dar a conocer. Quiero expresarle mi agradecimiento a Peggy por creer en mi habilidad de recoger este material y escribir este libro ciñéndome a la verdad según Eva la recuerda, y dándole vida a su historia para que los jóvenes lectores puedan leerla dentro del marco seguro que ofrecen las páginas de un libro. Espero que los lectores encuentren que este libro vale todos los esfuerzos realizados.

Ha sido un privilegio para mí trabajar en este proyecto tan importante, y dar a conocer la historia de Eva Mozes Kor a nuevas generaciones de lectores. No quedan muchos niños del Holocausto, y muchos menos de los gemelos de Mengele que sobrevivieran para poder contar su historia. Pero Eva, sí. Esta historia está narrada con su voz, en primera persona, ya de adulta, mirando hacia atrás, sesenta y cinco años antes, cuando una niña pequeña, aferrada temerosamente a la mano de su hermana gemela, atravesó las puertas del infierno y sobrevivió.

Biografías de las autoras

Eva Mozes Kor reside en Terre Haute, Indiana. En 1985, fundó una organización para ayudar a los gemelos y mellizos supervivientes de Mengele, y trabajó para presionar a los Gobiernos para intensificar la búsqueda de Josep Mengele. En 1995, abrió un pequeño Museo del Holocausto en Terre Haute que ha crecido y se ha convertido en el CANDLES Holocaust Museum & Educational Center, donde da charlas y realiza visitas guiadas especialmente para niños de edad escolar. Es una reconocida conferencista a nivel nacional e internacional sobre temas relativos al Holocausto, la ética médica, el perdón y la paz. Ha sido entrevistada por muchos medios de comunicación, entre ellos *60 Minutes* y *20/20*, y es la protagonista del documental *Eva: A-7063*. Eva trabaja como corredora de bienes raíces en Terre Haute. Si quieres conocer el museo, entra en www.candlesholocaustmuseum.org.

Lisa Rojany Buccieri ha escrito más de cien libros para niños, varios de ellos galardonados y de gran éxito en ventas. Tiene una experiencia como editora de más de 20 años y ejerce de directora ejecutiva de una editorial. Es la principal colaboradora del libro *Writing Children's Books for Dummies*. Además, ha ayudado a cuatro nuevas firmas editoriales a establecerse en el mercado. En la actualidad, Lisa dirige su propia empresa, Servicios Editoriales de L.A. Anteriormente ocupó el cargo de directora editorial en Golden Books, Price Stern Sloan/Penguin Group USA, Intervisual Books, Gateway Learning Corp (Hooked on Phonics). Lisa vive con su familia en Los Ángeles. Puedes comunicarte con ella en www.EditorialServicesofLA.com.

Créditos de las fotografías

Fotos de la portada y contraportada cortesía del Museo Auschwitz-Birkenau en Oświęcim, Polonia.

1. Mapa de Yad Vashem, The World Holocaust Remembrance Center.
2. Detalle del mapa arriba mencionado con una línea añadida entre el ghetto de Simlel Silvaniei y Auschwitz.
3. De la colección privada de Eva Kor.
4. De la colección privada de Eva Kor.
5. De la colección privada de Eva Kor.
6. De la colección privada de Eva Kor.
7. De la colección privada de Eva Kor.
8. Cortesía de Holocaust Memorial Museum, Estados Unidos.
9. Cortesía de Holocaust Memorial Museum, Estados Unidos.
10. Cortesía del Museo Auschwitz-Birkenau en Oświęcim, Polonia.

11. Cortesía de Holocaust Memorial Museum, Estados Unidos.
12. Cortesía de Yad Vashem, The World Holocaust Remembrance Center. Fotógrafo: Wilhelm Brasse. Barra horizontal negra añadida.
13. Cortesía del Museo Auschwitz-Birkenau en Oświęcim, Polonia.
14. Foto tomada de un documento original en los archivos del Museo Auschwitz-Birkenau, de la colección privada de Eva Kor.
15. Foto de un documento de la colección privada de Eva Kor.
16. Cortesía del Museo Auschwitz-Birkenau en Oświęcim, Polonia.
17. De la colección privada de Eva Kor.
18. Cortesía de Holocaust Memorial Museum, Estados Unidos.
19. De la colección privada de Eva Kor.
20. De la colección privada de Eva Kor.
21. De la colección privada de Eva Kor.
22. De la colección privada de Eva Kor.
23. De la colección privada de Eva Kor.

Los puntos de vista u opiniones expresadas en este libro, y el contexto en que se han usado las imágenes, no necesariamente reflejan el punto de vista o la política, ni tampoco la aprobación o respaldo de parte del Holocaust Memorial Museum de Estados Unidos.